1

Doris Niespor

Schwierige Kinder glücklicher machen

Das Geheimnis der Stern-Methode

3

Einleitung

Der kleine blonde Junge im Kindergarten schubst die stille Sabine. Sabine
fällt hin und weint. Der Junge, nennen wir ihn Tom, lacht laut und haut mit
seinem Spielzeugauto gegen den Schrank. Als die Erzieherin eingreift, tritt er
ihr gegen die Beine und brüllt. Danach zieht Tom sich unter einen Tisch
zurück und sagt keinen Ton mehr. Als seine Mutter kommt, fängt Tom an zu
weinen und sagt: »Ich gehe da nicht mehr hin.« Die Erzieherin hat schon auf
Toms Mutter gewartet. »Wir müssen über Tom reden«, sagt sie. Das ist der
Satz, den Toms Mutter am meisten fürchtet. Dabei gibt sie sich solche Mühe.
Kinder wie Tom sind kein bedauernswerter Einzelfall. Die allerneuesten
Ergebnisse auf dem Gebiet der kindlichen Entwicklung kommen vom
renommierten Robert Koch-Institut. In der international beispiellosen Studie
wurde von 2003 bis 2006 die psychische und körperliche Entwicklung von
18.000 Kindern und Jugendlichen zwischen 0 und 17 Jahren untersucht. Das
Ende 2007 veröffentlichte Ergebnis ist erschreckend: 21,9 Prozent aller
Kinder und Jugendlichen zeigen psychische Auffälligkeiten. Ein Fünftel aller
Kinder in Deutschland ist verhaltensauffällig! Das ist eine Entwicklung, die
den meisten Menschen auch ohne Kenntnis der Studienergebnisse schon
aufgefallen ist.
Die Menschen, mit denen ich gesprochen habe, sind sich in Einem einig:
Früher waren die Kinder anders. Immer mehr Eltern wünschen sich ihre
Kinder weniger aggressiv, weniger problematisch, weniger aufgedreht,
weniger fordernd, weniger phlegmatisch, weniger dick oder weniger
ungehorsam. Obwohl die Eltern sich mehr bemühen, nehmen die
Schulschwierigkeiten zum Beispiel in den Bereichen Deutsch, mündliche
Mitarbeit, Führen der Mappen und Erledigen von Gruppenarbeiten immer
weiter zu. Heute fordert ein halbwegs geordneter Unterricht durch die

größere Zahl an schwierigen Kindern in den Schulformen Grundschule, Hauptschule und Realschule die Lehrer bis an ihre seelischen und körperlichen Grenzen. Viele Eltern kommen nicht mehr zurecht. Sie haben Angst vor ihren Kindern oder müssen hilflos zusehen, wie ihre Kinder sich immer mehr einigeln. Für die Betreuung der Hausaufgaben brauchen sie Stunden.

Eine große Veränderung hat ca. in der Mitte der 80er Jahre begonnen. Seitdem nimmt die Zahl an schwierigen Kindern immer mehr zu. Woran liegt das?

Besonders in den Bereichen Ernährung, Bewegung, Aufnahme von Giften, Verfügbarkeit von Genussmitteln und Gestaltung des Tagesablaufes gab es große Umbrüche. Waren die Kinder früher zum Spielen viel draußen und bekamen Bewegung, natürliche Anregungen und frische Luft, sitzen sie heute hauptsächlich vor Computer, Gameboy oder dem Fernseher. Junge Jugendliche kaufen Alkopops und konkurrieren im »Koma-Saufen«. Wie sind die Kinder da hingekommen, und wie kann man sein eigenes Kind schützen?

Sicherlich gibt es verschiedene Ursachen, die zusammenkommen müssen, damit ein Kind so entgleist. Die Folgen sind jedoch immer dramatisch, denn unter einer solch schwierigen Situation leidet nicht nur das Kind selbst, ;sondern auch die Geschwister und die Eltern werden von ihr belastet. Die am häufigsten genannten Gefühle in diesem Zusammenhang sind Hilflosigkeit und Überforderung.

Die meisten der betroffenen Eltern sind das ewige Gebrüll, die Unordnung im Kinderzimmer oder das Sich-entschuldigen-Müssen leid. Das kann ich gut verstehen. Jeden Tag begegne ich Kindern, deren Eltern schon so vieles versucht haben. Zumeist mit geringem oder gar keinem Erfolg.

Die Erziehung eines schwierigen Kindes stellt Anforderungen an Eltern, die denen der Leitung eines großen Projektes entsprechen. Ohne systematisches Vorbereiten und Durchführen sind die Bemühungen oft zum Scheitern verurteilt. Das starre Erziehungskonzept vergangener Jahrhunderte hat größtenteils funktioniert – aber um welchen Preis? Der absolute Gehorsam machte jeder Individualität den Garaus. Die ehemals üblichen körperlichen Züchtigungen sind für moderne liebevolle Eltern keine Alternative. Selbst bei unproblematischen Kindern ist Erziehung nicht einfach. Wie aber gibt man schwierigen Kindern das richtige Rüstzeug mit, damit sie ihren Platz in der Welt finden?

Antworten darauf finden Sie in diesem Buch. Die Stern-Methode soll Ihnen eine Art Assistent sein. Wie an einem Halteseil können Sie sich daran durch den Dschungel aus Überforderung, Ansprüchen, Zeitmangel und Mutlosigkeit entlang hangeln. Dabei ist diese Methode flexibel: Sie entscheiden, mit welchem Teil der Methode Sie beginnen. Die einzelnen Kapitel sind in sich abgeschlossen und vertauschbar. Jedes Kind und jede Situation ist anders. Sie selbst wissen am besten, welcher Aspekt im Leben Ihres Kindes am dringendsten Unterstützung braucht. Falls Sie einen Rat nicht mögen: Lassen Sie ihn weg! Das Buch soll Sie unterstützen, nicht bevormunden.

Dass Sie gute Eltern sind, denen das Wohl Ihrer Kinder wichtig ist, beweisen Sie bereits damit, dass Sie dieses Buch lesen. Den Rest schaffen wir auch noch. Seien Sie mit mir zuversichtlich. Ich bin sicher, schon bald zeigen sich Ihre Kinder wieder als das, was sie sind: schutzbedürftige kleine Wesen, die unsere Liebe und unseren Respekt verdienen.

Was ist eigentlich ein »schwieriges Kind«?

Diese Frage ist leider nicht in einem Satz zu beantworten.

Grundsätzlich gibt es natürlich im Leben eines jeden Kindes schwierige Phasen; die sogenannte Trotzphase und die Pubertät sind bekannte Beispiele dafür. Das ist völlig normal und in keiner Weise behandlungsbedürftig.

Einige wenige Kinder wiederum sind so offensichtlich verhaltensgestört, dass über die Notwendigkeit einer Behandlung kein Zweifel besteht. In dem Bereich dazwischen sind wir jedoch auf das Sammeln von Hinweisen und Anhaltspunkten angewiesen; je mehr Hinweise zu finden sind, desto höher ist die Wahrscheinlichkeit, dass es sich um ein schwieriges Kind handelt.

Die Ergebnisse aus der 2007er Studie des Robert Koch-Instituts beweisen eindeutig, was wir in der Praxis ohnehin seit Jahren wahrnehmen: Der Anteil an Kindern in dem Bereich zwischen »normal« und »offensichtlich auffällig« ist sehr stark angestiegen. An die Eltern dieser Kinder wendet sich das vorliegende Buch.

Ist Ihr Kind schwierig? Ordnen Sie Punktzahlen zu!

Für:

nein	ein wenig	ziemlich	sehr stark
0 P.	1 P.	2 P.	3 P.

X Ist das Kind unruhig oder überaktiv?

X Ist das Kind leicht erregbar?

X Stört es andere Kinder?

X Bringt es Angefangenes nicht zu Ende?

X Zappelt es ständig?

X Ist es unaufmerksam/leicht abgelenkt?

X Müssen seine Erwartungen umgehend erfüllt werden, ist es leicht frustriert?

X Weint es leicht und häufig?

X Wechseln die Stimmungen schnell?

X Zeigt es Wutausbrüche, explosives und unvorhersehbares Verhalten?

X Hört es regelmäßig nicht / ist es nicht folgsam?

X Ärgert, provoziert oder schlägt es Menschen oder Tiere?

X Reagiert es häufig höchst impulsiv?

X Überreagiert es häufig (weint, brüllt, zieht sich massiv zurück)?

X Verweigert es die Leistung in der Schule oder entzieht es sich gemeinsamen Aktionen im Kindergarten?

X Reagiert es ungehalten, wenn es nicht die volle Aufmerksamkeit der Eltern /der Bezugsperson bekommt?

X Schadet es sich selbst, um ein gewünschtes Verhalten bei den Eltern hervorzurufen, ?

X Droht es damit, sich selbst zu schaden?

Tipp: Ein hoher Wert von über 18 Punkten in diesem Test ist ein Hinweis auf ein schwieriges Kind.

Das Verhalten eines schwierigen Kindes betrifft nicht nur das Kind selbst. Auch das Verhalten der meisten Menschen in seiner Umgebung ändert sich im Laufe der Zeit.

Viele Eltern von schwierigen Kindern:

X haben ein schlechtes Gewissen anderen gegenüber; das Kind wird nicht gerne irgendwo mit hingenommen »weil es ja doch wieder Stress gibt«.

X sind regelmäßig überfordert und gestresst, obwohl sie sich bemühen.

sind regelmäßig Erziehern oder Lehrern gegenüber in der unangenehmen Situation, sich für das Kind rechtfertigen zu müssen.

X müssen feststellen, dass die Beziehungen zu Bekannten und die Beziehung der Eheleute zueinander leiden unter dem Verhalten des Kindes.

Jeder dieser Punkte kann, wenn er vereinzelt auftritt, auch die schwierige Phase eines ansonsten normalen Kindes markieren. Unterscheiden lässt sich das, indem man mit dem Kind spricht oder mit erzieherischen Maßnahmen eingreift: Ein schwieriges Kind ist meist nicht einsichtig, oder es ist trotz Einsicht nicht in der Lage, sein Verhalten zu ändern. Treten mehrere der Punkte über einen längeren Zeitraum hinweg auf, ist ein Besuch beim Kinderarzt zur Abklärung eventuell erkennbarer Störungen angebracht. Einige Kinder werden von dort zum Psychologen überwiesen, ein Großteil der vorgestellten Kinder wird aber als »lebhaftes Kind« wieder nach Hause geschickt. Die erschöpften Eltern bekommen noch den einen oder anderen Rat zur Erziehung mit auf den Weg und sind wieder da, wo sie vor dem Arztbesuch waren: nervlich am Ende.

Es ist dringend Zeit, und die neuesten Studienergebnisse bestätigen dies, den »Graubereichs- Kindern« und ihren Eltern beiseite zu stehen. Nur so kann ein späteres Abrutschen in massive Verhaltensstörungen vermieden werden.

Was hilft einem schwierigen Kind und warum?

Bei schwierigen Kindern helfen oft die normalen Erziehungsansätzc alleine nicht weiter. Viele dieser Kinder leiden unter einer mangelnden Filterleistung des Gehirns. Das Gehirn ist in jeder Sekunde unzähligen Reizen ausgesetzt. Damit das Bewusstsein nicht überfordert wird, filtert ein bestimmter Teil des Gehirns etliche Reize heraus; wir werden uns dieser Reize also nicht bewusst.

Ein Beispiel:

Sie sitzen am Tisch und lesen Zeitung. Der Nachbar mäht unüberhörbar den Rasen. Sie nehmen außerdem wahr, was Sie lesen, den duftenden Kaffee und dass Sie in fünf Minuten zur Arbeit müssen.

Auf Nachfrage könnten Sie aber noch viel mehr Fragen beantworten: Dann wird Ihnen bewusst, wie warm es ist, wo im Haus Sie sich befinden, ob die Kleidung einengt, ob eine Fliege im Raum ist etc.

Etliche der Kinder, die in unsere Praxis gebracht werden, nehmen zu viele der Reize gleich stark und nebeneinander wahr. Für diese Kinder hat eine Fliege, die sie bei den Hausaufgaben umsummt, den gleichen Reiz, den ein vor dem Haus landender Hubschrauber auf Sie hätte. Viele schwierige Kinder sind auch sehr unsicher, weil sie regelmäßig negative Rückmeldungen von ihrer Umgebung bekommen. Deshalb überschreiten die Kinder immer wieder Grenzen, um auszuloten ob sie noch geliebt werden. Finden diese Kinder keine vernünftigen, liebevollen Grenzen, machen sie immer weiter.

Eine Erziehung schwieriger Kinder sollte daher die folgenden Punkte beinhalten:

Reizminderung

Hierzu gehören sowohl die Regelung der Medien- Zeiten als auch der Schutz vor Lärm, Schadstoffen und Allergieauslösern etc. Ein wichtiges Mittel zur Reizminderung ist das Ordnung halten.

Verlässlichkeit

Diese erfährt das Kind durch Konsequenz, liebevolle Zuwendung auch in schwierigen Phasen sowie das Einhalten von Regeln und Versprechen auch von Elternseite. Hierdurch wird die Ausschüttung von Stresshormonen vermindert.

Regelmäßigkeit

Regelmäßigkeit erlaubt dem Kind, sich ein Stück weit fallen zu lassen; immer wiederkehrende Dinge und Rituale geben Sicherheit und Geborgenheit. Regelmäßigkeit, zum Beispiel bei den Essenszeiten, schützt aber auch vor körperlichen Krisen wie zum Beispiel der häufig auftretenden ernährungsbedingten Unterzuckerung, die unter anderem aggressives Verhalten hervorrufen kann.

Berücksichtigung der natürlichen Anlagen

Etliche Kinder haben Nährstoffmängel oder Stoffwechselerkrankungen, sind hochbegabt oder in ihrer Händigkeit umgeschult. Solange diese Besonderheiten nicht berücksichtigt werden, fällt auch die beste Erziehung nicht auf fruchtbaren Boden.

Erziehungsprobleme sind zwar nicht die *Ursache* von körperlich bedingten Verhaltensstörungen, können die Situation aber verschlimmern. Aus diesem Grund lässt sich zusammenfassend sagen, dass ein schwieriges Kind, dem bisherige Erziehungsversuche nicht geholfen haben, oft eine Mischung aus gut ausgeführter klassischer Erziehung in Kombination mit der Berücksichtigung neuester medizinischer Erkenntnisse weiter bringt. Neu an der Stern-Methode ist, dass sie seelische und körperliche Ansätze wohlbegründet verbindet, wo klassische Erziehung die körperlichen Aspekte ausklammert. Ein hochbegabtes Kind braucht eben nicht nur konsequente Führung und viel Liebe, es braucht durch den erhöhten Umsatz an Zucker im Gehirn auch mehr Nährstoffe, wie zum Beispiel Vitamin B, denn der Nährstoff wird bei der Verarbeitung des Zuckers benötigt und verbraucht.

Was ist die Stern-Methode?

Die Stern-Methode habe ich in unserer Naturheilpraxis entwickelt. Beim
Notieren der zu ordnenden Bereiche in der Arbeit mit schwierigen Kindern
kam auf den Karteikarten immer wieder die Form eines Sterns zustande.
Deshalb habe ich das systematische Auffinden und Verändern aller
möglicherweise das Kind überlastenden Faktoren »Stern-Methode« genannt.
Die Umsetzung ist schnell oder langsam, vollständig oder teilweise möglich.
Das Ziel ist die Verminderung der Störfaktoren auf ein Maß, das mit einer
normalen Lebensführung und Erziehung vereinbar ist.

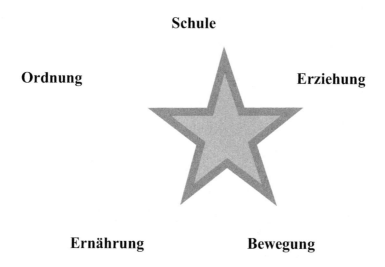

Stück für Stück werden die einzelnen eventuell belastenden Punkte mit der
Stern-Methode auf ganz praktische Weise angegangen.

Ein Beispiel:

Stephanie ist hochbegabt. Sowohl die Geschwindigkeit als auch die Komplexität ihrer Gedankenvorgänge ist gesteigert. Dadurch ist der Grundumsatz an Energie und Vitaminen höher, denn das Gehirn von Hochbegabten arbeitet buchstäblich auf Hochtouren. Zusätzlich ist Stephanie extrem geräuschempfindlich. Sie weint viel, hat oft Kopfweh und mag nicht in die Schule.

Mit Hilfe der Stern-Methode wurde die Ernährung verändert und ergänzt. Die Zeit vor dem Fernseher wurde auf ein altersentsprechendes Maß verringert und die Lautstärke wurde etwas gedrosselt. Jetzt hat Stephanie mehr Kraft übrig, um den Lärm im Klassenzimmer zu ertragen. Die Überlastungs-Kopfschmerzen sind weniger geworden. Stephanie geht wieder gerne zur Schule, denn eigentlich macht ihr das Lernen Spaß.

Ein anderes Beispiel:

Der zwölfjährige Tom hat eine Milchallergie. Sein Filtersystem ist schlecht und er kann sich kaum konzentrieren. Bei den Hausaufgaben rennt er bald hierhin und bald dorthin, träumt Löcher in die Luft und kommt nicht voran. Immer wieder wird er auch aggressiv und ausfallend gegenüber seiner Mutter.

Bei der Anwendung der Stern-Methode wird die Ernährung umgestellt. Der Verdacht auf eine Milchunverträglichkeit (Typ 4-Allergie) hatte sich schon vorher durch eine ärztlich begleitete Such-Diät nach Nahrungsmitteln als Auslöser bestätigt. Die Lebensmittel, die Kuhmilch enthalten, werden im Rahmen der Umstellung konsequent gegen Produkte mit Schafs-, Ziegen-

oder Sojamilch ausgetauscht. Toms Umgebung wird mit Hilfe des Ordnungssystems reizärmer gestaltet; das aufgeräumtere Zimmer sendet nicht so viele ablenkende Signale aus. Tom kann sich inzwischen zwanzig Minuten am Stück konzentrieren; seine Noten sind besser geworden.

Dies sind nur zwei Beispiele. Jedes Kind hat seine Besonderheiten. Der Vorteil der Stern-Methode liegt darin, dass die wichtigsten Störungen der Reihe nach berücksichtigt werden, und so für fast alle schwierigen Kinder eine Erleichterung eintritt.

Welche körperlichen Belastungen können ein Kind schwierig machen?

Die folgenden Zeilen wenden sich an Leser, die es etwas genauer wissen wollen. Fachbegriffe werden normalerweise an Ort und Stelle erläutert, so entfällt das mühsame Herumsuchen in einem Glossar. Es ist nicht zwingend erforderlich, diesen Abschnitt zu lesen, um mit dem praktischen Teil des Buches zu arbeiten, aber es vertieft das Verständnis. Die Anregungen und Auslegungen in diesem Buch haben keinen Absolutheitsanspruch. Zum Beispiel kann ein Symptom, das der »Milchallergie« zugeordnet wird, auch bei Malaria, Ebola oder Jodallergie auftreten. Die Möglichkeiten des Körpers, zu reagieren um sich auszudrücken, sind begrenzt. Deshalb werten wir in der Praxis erst das Auftreten mehrerer passender Symptome als Hinweis. Und ein Hinweis ist noch lange kein Beweis. Falls Sie den Verdacht haben, dass eine der angesprochenen Erkrankungen auch Ihrem Kind zu schaffen macht, wenden Sie sich an einen Arzt oder Heilpraktiker Ihres Vertrauens; ein Alleingang richtet da manchmal mehr Schaden als Nutzen an. Natürlich gibt sowohl engagierte als auch nachlässige Ärzte und Heilpraktiker, es lohnt sich also zu vergleichen und herumzufragen. Oder Sie informieren sich so umfassend, dass Sie Ihrem Kind selbst helfen können – und lassen die Erfolge nur regelmäßig von einem Fachmann überprüfen. Hierzu eignen sich zum Beispiel die ohnehin vorgesehenen Vorsorgeuntersuchungen.

In unserer Naturheil-Praxis behandeln wir viele Kinder mit Lern- und Verhaltensstörungen. Die von uns gefundenen Ursachen liegen überdurchschnittlich häufig im körperlichen Bereich. Dies scheint der gängigen vorherrschenden Meinung, psychische Krankheiten und Auffälligkeiten seien immer auch dort bedingt und mit Psychotherapie behandelbar, zu widersprechen. Dabei wird vergessen, dass in der Psychotherapie in der Regel begleitend Psychopharmaka, also Medikamente, die Auswirkungen auf die Psyche haben, eingesetzt werden. Und auf welcher Ebene wirken die? Richtig, auf der körperlichen. Beispiel Depression: Behandelt wurde häufig mit »Trizyklischen Antidepressiva« und »Monoaminooxidase- Hemmern«. Die Medikamente sollten die Stimmung heben, riefen aber auch Müdigkeit, hohen Blutdruck, Angstzustände und andere Nebenwirkungen hervor. Inzwischen wurde von der Gruppe um den Psychologen (!) Patrick Holford eindrucksvoll nachgewiesen, dass auch eine Ergänzung mit bestimmten Nahrungsbestandteilen einen ähnlichen positiven Effekt hat, aber keine Nebenwirkungen. Nicht nur bei Depressionen, sondern nahezu bei allen psychischen Erkrankungen ist mit einer individuell zugeschnittenen Ernährungstherapie zumindest eine Besserung zu erreichen. Gesteigert wird der Effekt, wenn zusätzlich schädigende Stoffe weggelassen werden; eine Erkenntnis, die schon der kalifornische Arzt Ben Feingold in seine Theorie mit einbezogen hat. Dieser half auffälligen Kindern unter anderem mit dem Weglassen von Zusatzstoffen und dem Auffinden und Meiden von Stoffen, die Allergien auslösen (Allergene). Sicher ist bei länger andauernden Erkrankungen eine begleitende Psychotherapie sinnvoll, um bestehende Probleme aufzuarbeiten und schädliche Verhaltensmuster zu verändern. Ein eventuelles körperliches Ungleichgewicht kann aber durch eine Psychotherapie nicht wiederhergestellt werden. Folgende Ursachen sind uns in der Praxis mit auffälligen Kindern immer wieder begegnet:

Schadstoffe

Hierzu zählen Spritzmittel, Ausdünstungen von Plastikgegenständen, das
Einatmen von Gasen und Benzindämpfen, sämtliche Chemikalien wie
Spülmittel, Weichspüler, Putzmittel, Parfums, Glasrein, Backofenspray,
bestimmte Deos etc. Die betroffenen Kinder sind oft sehr wechselhaft in der
Stimmung, neigen zu Atemwegserkrankungen und Ausschlag. Abhilfe
schafft das Weglassen aller überflüssigen Chemikalien wie z.B. Weichspüler.
Der unverzichtbare Teil sollte möglichst ungiftig sein. Hinweise dazu finden
Sie zum Beispiel in der Zeitschrift »Öko- Test«. Auch Medikamente wie
Ritalin können den Körper massiv belasten. Schimmelpilze lösen ebenfalls
häufig Reaktionen aus. Besonders der Pilz „Aspergillus niger" ist eine echte
Plage. Als sogenannter »Gießkannenschimmel« ist er für viele Beschwerden
verantwortlich[1]. Der Lebensmittel-Zusatzstoff Zitronensäure (E 330) wird
heutzutage in der Regel aus Schimmelpilzen gewonnen, die beim Auspressen
der Kulturen mit in die Zitronensäure gelangen. Kinder, die darauf reagieren,
wirken aufgekratzt und bekommen rote Ohren. Außerdem macht die
Zitronensäure die Darmschleimhaut durchlässiger und damit das Kind
anfälliger für Allergien.

Allergien

Sie waren schon beim Arzt, und der hat gesagt Ihr Kind hat keine Allergie?
Bitte lesen Sie trotzdem weiter. In der Regel wird beim Arzt ein Hauttest
durchgeführt, manchmal auch ein Bluttest. Beide suchen nach einer
bestimmten Antikörpergruppe, den sogenannten IgE. Diese Antikörper
können bei Allergikern so gefährliche Zustände wie lebensbedrohliche
Atemnot (zum Beispiel bei Erdnusskontakt), aber auch einfach nur einen
harmlosen Ausschlag verursachen. Sie werden von kleinen Zellen (B-
Lymphozyten) produziert und stellen die Blutabwehr (humorale Immunität).

Die Reaktionen auf Nahrungsmittel, bei deren Genuss den Kindern zum Beispiel die Blutgefäße im Kopf entzündlich reagieren und anschwellen, so dass Verhaltensstörungen entstehen, werden aber durch andere Übeltäter ausgelöst. Als Verteidigungsbarriere haben wir nicht nur Antikörper, die Eindringlinge besetzen und markieren, damit Sie gefressen werden. Wir haben auch ein Heer an Zellen, die uns direkt schützen (zellvermittelte Immunität). Diese »T- Zellen« sind in Zusammenhang mit der Aids-Diskussion zu trauriger Berühmtheit gelangt: Bei Aids kommt es zu einer Verminderung und Funktionseinschränkung; in der Folge ist der Körper Angriffen schutzlos ausgeliefert. Die eine Sorte T-Zellen, die »Helfer«, sind eher Boten für Antikörperfabriken und große Fresszellen (Makrophagen), welche Müll abräumen. Die andere Sorte sind die Doppelnull-Agenten der Abwehr. Sie erkennen von Viren oder anderen Erregern befallene Zellen und töten die Wirtszelle durch das Auslösen eines programmierten Zelltodes (Apoptose). Die Zelle bringt sich selbst um, der Erreger kann sich nicht ausbreiten. Manchmal bekommen diese T-Zellen Kontakt zu Teilchen, die im Blut eigentlich nichts verloren haben, und es entwickelt sich eine besondere Allergieform (Typ 4-Allergie) gegen bestimmte Nahrungsmittel, zum Beispiel Milch, Ei oder Soja. Diese Lebensmittel sollten normalerweise von der Darmschleimhaut nur in fein zerlegtem Zustand aufgenommen werden. Hat der Säugling nun zu früh Kontakt mit diesen Substanzen, erkennt die Darmschleimhaut sie nicht mehr als fremd und lässt viel zu große Teilchen durch. Wenn diese Teilchen durch eine nicht intakte Darmschleimhaut in das Blut gelangen, werden Sie dort von den »Killer-Zellen« schon erwartet. Die Teilchen lagern sich an Körperzellen an. Die Kampfzellen (T-Lymphozyten) lassen sich nicht so leicht täuschen; sie erkennen die zu großen Nahrungsbestandteile als fremd und bekämpfen die vermeintlichen Feinde. Dabei werden Stoffe (Zytokine) freigesetzt, die Fresszellen anlocken wie

Blut einen Hai. Dies kann zu einer Schädigung des umliegenden Gewebes führen. Die »T-Zellen« haben ein gutes Gedächtnis; haben Sie einmal gegen jemanden gekämpft, lösen sie beim nächsten Kontakt eine heftige Reaktion aus. Verwirrend ist dabei, dass die Symptome erst 12 bis 72 Stunden nach dem Allergen-Kontakt auftreten. Früher dachte man, dass diese Allergieform nur Reaktionen auf der Haut verursacht, wie bei der Nickelallergie. Inzwischen weiß man, dass auch Abstoßungsreaktionen nach Organverpflanzungen und andere Gewebeschäden nach diesem Mechanismus funktionieren. In Ihrem Buch »Die Basisallergie« beschreibt Frau Jonsson aus nicht ganz so medizinischer Sicht eine erstaunliche Entdeckung: Anscheinend ist in den ersten sechs Monaten die kindliche Darmschleimhaut noch nicht sicher, wer Freund oder Feind ist. Deshalb wird alles in dieser Zeit aufgenommene, weil es ja mutmaßlich von der Mutter stammt, als »Freund« anerkannt. Die so auf die Gästeliste gesetzten Moleküle dürfen später durch die Darmschleimhaut, ohne komplett zerlegt zu werden. Erst die Blutabwehr stoppt die Teilchen. Das bedeutet konkret: Wenn Oma wohlwollend dem vier Monate alten Säugling einen Löffelbiskuit in die Fingerchen drückt, weil er den ja schon halten kann, hat sie ihm wahrscheinlich gerade eine Allergie »geschenkt«. Wenn in der Geburts-Nacht eine Schwester im Neugeborenen-Zimmer die erste teiladaptierte Milchnahrung füttert, um der Mutter die wohlverdiente Ruhe zu schenken, ist der Weg für viele schlaflose Nächte geebnet. Sie glauben das nicht? Habe ich am Anfang ebenfalls nicht, aber die vielen Fälle, die ich inzwischen gesehen habe, kann ich anders auch nicht erklären. Selbst Kinder, die in den ersten sechs Monaten *nichts* anderes als Muttermilch und Fencheltee bekommen haben, können betroffen sein. Wenn die Mutter als Baby falsch geprägt wurde, lässt sie die entsprechenden Zellen auch in der Stillzeit »durch«, und die gelangen bis in die Muttermilch. Da nimmt das Baby sie auf und die

Katastrophe nimmt ihren Lauf. Wer seine Allergien kennt und eine Schwangerschaft nur geplant hat, könnte natürlich die Allergene in der Stillzeit meiden und durch etwas anderes ersetzen. Damit wäre der Kreislauf durchbrochen.

Diese Sorte Allergien lässt sich auch im Blut nachweisen. Ein spezieller Test (der sogenannte Lymphozyten-Transformations-Test, LTT) weist diese Zellen nach. Kritiker des sehr teuren Tests sagen, er sei wenig aussagekräftig. Das hindert aber die Mediziner nicht daran, den Test zur Abklärung von Penicillin-Allergien oder zur Durchführung des Tuberkulose-Testes zu benutzen. Es hindert auch die sonst sehr auf die nachweisliche Wirksamkeit von Methoden pochenden Krankenkassen nicht daran, diesen Test zu bezahlen, wenn ein Arzt ihn für angebracht hält. Fakt ist, dass die verbreitete Einsetzung dieses Tests enorme Kosten verursachen und politische Fragen aufwerfen würde, und das will ja nun wirklich keiner. Außer vielleicht die Eltern der betroffenen Kinder.

Falls Sie bei Ihrem Arzt auf ein offenes Ohr stoßen: Sinnvoll ist der LTT meist auf Milch, Soja, Schokolade, Weizen, Ei, Orangen und die drei am häufigsten gegessenen Nahrungsmittel. Fleisch macht seltener Probleme, Kuhmilch tummelt sich in der Regel auf Platz eins. Wenn Ihr Arzt Ihnen sagt, das sei alles Unsinn, gibt es zwei Möglichkeiten: Sie können den Arzt wechseln und sich so lange ein »Nein« holen, bis Sie auf einen Arzt stoßen, der sich mit dem Thema beschäftigt hat. Oder Sie machen in Zusammenarbeit mit einem Therapeuten Ihrer Wahl eine Suchdiät. Hierzu sind oft auch Allergie-Ärzte, die sogenannten Allergologen bereit. Das ist zwar langwieriger als Blutabnehmen, das Ergebnis lohnt aber den Aufwand. Eine genaue Anleitung finden Sie in dem Buch »Überlebenshandbuch für Allergiker« (s. Anhang). Die Therapie liegt in der Vermeidung der Allergie auslösenden Substanzen, in leichten Fällen für ein Jahr, in schweren Fällen für den Rest des Lebens. Die nötige Zeitspanne richtet sich danach, wie erinnerungsfreudig und aktiv die Lymphozyten sind bzw. wie lange sie leben. Auch ob sich die Darmschleimhaut irgendwann erholt, ist mit ausschlaggebend.

Also lassen Sie sich nicht mit den lapidaren Worten »nur ein bisschen Hausstaub- und Roggenpollenallergie, sonst ist da nichts« abspeisen.

Ein Beispiel:

In einem Haus putzen fünf Putzkolonnen, je eine deutsche, italienische, polnische, griechische und türkische Gruppe. Die deutsche Gruppe hat ihren freien Tag. Der Arzt ruft im Hauttest: Sind hier deutsche Putzfrauen? Keiner Antwortet. Zur Sicherheit schickt er noch einmal den Bluttest ins Rennen, auch dieser ruft: Sind hier deutsche Putzfrauen? Wieder keine Antwort. Der Arzt sagt also der Mutter, in dem Haus gäbe es *gar keine* Putzfrauen. Nach den anderen hatte er aber gar nicht gesucht.

Es gibt schon verschiedene Antikörperklassen, dazu kommen noch die Immunzellen. Deshalb ist ein Hautkratztest auch wirklich nur das: Ein Nachweis, das keine IgE Antikörper da sind. Der Rückschluss, dass keine Allergie vorliegen kann, ist schlicht falsch.

Hinweis auf eine Allergie können zum Beispiel die folgenden Punkte sein:

X   Dunkle Augenringe

X   Ständig Schnupfen, Husten oder Bronchitis, Asthma

X   Häufig Bauchweh, Durchfall oder Verstopfung

X Schlechter Ernährungszustand (zu dünn)

X Übergewicht

X Starke Stimmungsschwankungen

X Rötungen an Gesicht und Ohren, glasige Augen

X Doppelfalte unter dem unteren Augenrand

X Mittelohrentzündungen

X Schlechter Körpergeruch

X Ausgeprägte Müdigkeit

X Hautausschläge wie Neurodermitis

Im weitesten Sinne gehört auch die sogenannte »Zöliakie« in diese Gruppe. Hierbei handelt es sich zwar nicht um eine Allergie, der Körper wehrt sich aber ebenfalls gegen eine Substanz. Das Klebereiweiß, auch bekannt unter dem Namen Gluten, das in Weizenprodukten und anderen Getreideprodukten vorkommt, kann zu einer schlimmen Entzündung des Dünndarmes führen. Die Haut des Dünndarms ist eigentlich mit so kleinen »Huckeln« besetzt (Zotten). Bei dem Verzehr von Gluten verkümmern die »Zotten«, die eigentlich die Nährstoffe auffangen sollen. Außerdem steigt durch die Entzündung das Krebsrisiko im Dünndarm an. Hinweise darauf sind ein dicker Bauch bei sonst dünnen Kindern, Missgelauntheit, Schwäche, eventuell massige und übelriechende Durchfälle und ständiges Hungergefühl sowie häufiges Bauchweh. Falls Sie den Verdacht haben, dass Ihr Kind betroffen ist, sollten Sie zu einem Facharzt, dem sogenannten Gastroenterologen, gehen. Er kann mit einer Blutuntersuchung und gegebenenfalls einer kleinen Darmschleimhaut-Probe die Diagnose stellen.

Stoffwechsel-Erkrankungen und Verschiebungen

Einige Stoffwechselerkrankungen können ein Kind stark beeinträchtigen.
Nach den bekannteren, wie zum Beispiel Diabetes, wird in der Regel bei
Auffälligkeiten schon beim Kinderarzt gesucht. Auch die oben erwähnte
Zöliakie wird, bei typischer Erscheinungsform, recht häufig erkannt. Es gibt
aber auch viele seltene Formen, die nicht sofort erkannt werden. Falls es
Ihrem Kind also immer wieder schlecht geht: Geben Sie nicht auf! Normal
sind einige Infekte im Jahr, in den Phasen dazwischen sollte das Kind frei
von Schnupfen und Husten sein. Normal sind auch Kinderkrankheiten, gegen
die nicht geimpft wurde, und vier bis sechs Durchfallerkrankungen pro Jahr,
ausgelöst durch Viren.

Es ist nicht normal, wenn Kinder dauernd Bauchweh haben. Auch Kopfweh,
Ausschlag, massenweise Warzen, Gelenkbeschwerden und häufige
Durchfälle gehören nicht zur üblichen Entwicklung eines Kindes.

Ein Beispiel:

Einer meiner Patienten, damals 10 Jahre alt und bekannter
Allergiker, war oft am Rande der Verzweiflung. Sein Bauch tat
weh, obwohl er Diät hielt. Nach Anstrengungen war er häufig so
erschöpft, das er weinen musste. Nachts schwitzte er stark. Nach
langem Suchen und Testen stand die Diagnose fest, er hatte eine
seltene Erkrankung: Haemopyrrolactamurie oder HPU.[2]

Bei dieser Erkrankung funktioniert durch einen Enzymdefekt die
Blutbildung nicht perfekt, es kommt zu »Ausschussware« bei den
Blutkörperchen. Durch die beschleunigte Blutneubildung und zum

Entsorgen der Abfälle wird viel Zink, Vitamin B6 und Mangan verbraucht. Sowohl Zink als auch Mangan werden in Komplexe eingebunden, aus denen der Körper sie nicht mehr lösen kann und mit dem Urin ausgeschieden. Bei diesem Vorgang wird Vitamin B6 verbraucht. Dadurch stehen diese Stoffe dem Körper nicht mehr zur Verfügung. Die Verluste sind so groß, dass das Auffüllen aus der Nahrung nicht mehr möglich ist. Da die genannten Stoffe für viele Körperfunktionen unverzichtbar sind, ging es dem Kind so schlecht. Die Krankheit ist zwar nicht heilbar, man kann aber die fehlenden Stoffe ersetzen. Hierfür ist teilweise ein Vielfaches der normalerweise nötigen Tagesdosis erforderlich, deshalb sollte die Behandlung unbedingt von einem Therapeuten durchgeführt und kontrolliert werden. Durch die entsprechende Behandlung ist der kleine Junge jetzt fast beschwerdefrei.

Aufgeschreckt durch diesen Fall führte ich zusammen mit Dr. Kamsteeg eine Studie zu dem Thema durch. Das Ergebnis war erstaunlich: Fast jeder zehnte Studienteilnehmer hatte eine Veranlagung zu diesem Enzymdefekt, Menschen mit Blutgruppe A waren am stärksten betroffen.

Hinweise auf die Stoffwechselerkrankung »HPU« können sein:
Übelkeit oder Verstopfung

Helle, sonnenempfindliche Haut

Weiße Flecken auf den Nägeln

Häufige Infekte, Lungenentzündungen

Engstehende obere Schneidezähne

Schwangerschaftsstreifen (übermäßig oder ohne vorangegangene Schwangerschaft)

Menstruations-Unregelmäßigkeiten oder Impotenz (nach Einsetzen der Pubertät)

Fehlende Traumerinnerung

Medikamenten-Unverträglichkeit

Beim KEAC (Klinisch Ecologisch Allergie Centrum in Holland) gibt es einen kostenlosen Online-Test (www.keac.de), um die Veranlagungs-Wahrscheinlichkeit heraus zu finden. Es empfiehlt sich, dass auch die Mutter den Test macht, da die Erkrankung erblich ist. Der Test kann auf Deutsch ausgefüllt werden, auch die Auswertung erfolgt in deutscher Sprache. Falls sich der Verdacht zeigt, kann man vom KEAC mittels einer Urin- Probe die genauen Werte bestimmen lassen. Dem Ergebnis sind Behandlungsvorschläge für den eigenen Arzt beigelegt. Auch die Verschiebung des sogenannten »Histamin-Spiegels« im Blut kann zu vielerlei Beschwerden führen.[3] Das Histamin, eine Übermittlersubstanz (Mediator), die bei Entzündungen die Erweiterung von Blutgefäßen verursacht, wird aus einem Eiweißbaustein (Aminosäure) namens Histidin gebildet. Das »Histamin« ist verantwortlich für den Juckreiz, die Rötung und die Schwellung, die Sie von den klassischen Allergien kennen. Der Körper baut selbst einen gewissen Spiegel an Histamin auf, weil es für etliche Dinge benötigt wird, darunter die Magensäureproduktion, die Regelung des Schlaf-Wach-Rhytmus und die Appetitkontrolle.

Ein zu hoher Histamin-Spiegel kann jedoch zu vielen Problemen führen, darunter:

Migräne

Anderes Kopfweh

Wenig Körperbehaarung

Große Ohren oder lange Finger und Zehen

Schneller Stoffwechsel

Unbegründete Ängste und Zwänge

Innere Anspannung

Schüchternheit

Übersensibilität

Regelmäßige Übelkeit

Sollten Sie sich angesprochen fühlen, hilft Ihnen vielleicht das Buch
»Histamin-Intoleranz« (s. Anhang).

Umschulung der Händigkeit

Unter einer Umschulung der Händigkeit versteht man das Erlernen von
Tätigkeiten, insbesondere des Schreibens, mit der nicht bestimmenden
(dominanten) Hand. Jedes menschliche Gehirn zeigt von Geburt an die
eindeutige Bevorzugung einer Seite. Bei vielen Menschen, ca. 75 Prozent, ist
das die linke Gehirnhälfte. Da die Steuerung der Hände über Kreuz
funktioniert, sind diese 75 Prozent im Erscheinungsbild Rechtshänder. Die
restlichen 25 Prozent arbeiten mit der rechten Gehirnhälfte und sind somit
Linkshänder.[4] Da Linkshändigkeit früher einmal schlechter angesehen war,
haben sich über Jahrzehnte immer wieder Menschen gefunden, die versucht
haben, Linkshändigkeit bei Kindern zu unterdrücken. Das schlechte Ansehen
rührte teilweise daher, das Linkshänder, welche ja viel mit der rechten
Hirnhälfte arbeiten, nicht so angepasst waren wie Rechtshänder. Sie
entscheiden oft nach gefühlsmäßigen Gesichtspunkten, wo ein Rechtshänder
die Logik als Maßstab sieht. Zudem haben Linkshänder häufig ein gutes
Gespür, weil sie stärker Dinge wahrnehmen, die nicht auf der sprachlichen
Ebene liegen. Viele können an der Art, wie eine bekannte Person den Raum
betritt, deren Stimmung einschätzen. Dies ist eine normale menschliche
Fähigkeit, die lediglich mit Anzahl und Nutzung sogenannter

»Spiegelneurone« zusammenhängt. Trotzdem gab es immer wieder Menschen, welche großes Einfühlungsvermögen (Empathie-Fähigkeit) als gefährlich einstuften, weil sie sich durchschaut fühlten. Für einen ehrlichen Menschen ist das zwar keine Anfechtung, aber auf der Ebene der Herrschenden waren Lügen und Intrigen gang und gäbe. Ein menschlicher Lügendetektor konnte da schon den einen oder anderen Kopf rollen lassen. Heutzutage ist das kein Problem mehr; da die Umschulung aber als »Verhaltensbeispiel ohne Worte und Bewusstmachung« weitergegeben wird, werden auch heute noch unabsichtlich Kinder umgeschult. In einigen Bundesländern liegt der Anteil an bekannten Linkshändern nur bei 10 Prozent. Da bundesweit überall rund 25 Prozent zu erwarten sind, ist der Rest der Linkshänder offenbar umgeschult worden oder hat dies selbst getan. Einige linkshändige Kinder, besonders die intelligenteren, fangen schon mit zwei bis drei Jahren an, bewusst die rechte Hand zu gebrauchen, weil sie sein wollen wie die anderen Kinder.

In der Folge können bei umgeschulter Händigkeit diese Probleme auftreten:

> Raum-Lage-Labilität (Links-Rechts-Unsicherheit)
>
> Feinmotorische Störungen (schlechtes Schriftbild oder Buchstaben »wie gemalt«)
>
> Sprachstörungen (Stammeln/Stottern)
>
> Gedächtnisstörungen (»gestern konnte ich es noch …«)
>
> Konzentrationsschwierigkeiten (Ermüdbarkeit)
>
> Legasthenische Probleme (Lese- und Rechtschreibschwierigkeiten; wenn nur die Rechtschreibung betroffen ist, spricht man von »Orthosthenie«)

Daraus können weitere Verhaltensstörungen entstehen:

> Minderwertigkeitskomplexe
>
> Schul-Unlust und Trotzhaltungen
>
> Unsicherheit und emotionale Probleme
>
> Zurückgezogenheit
>
> Überkompensation durch erhöhten Leistungseinsatz
>
> Provokationsgehabe
>
> Bettnässen, Nägelkauen
>
> ausgeprägter Widerspruchsgeist

Bei völlig normaler oder sogar überdurchschnittlicher Intelligenz wirkt das Kind nach außen zerstreut und seltsam. Durch die wechselnden Leistungen wird es nicht selten als aufsässig eingeschätzt; je nach Stress-Level verstärken sich die Symptome; ein gestern noch richtig geschriebenes Wort kann heute in der fünften Schulstunde wieder falsch sein. Zu allem Überfluss muss das Kind sich dann noch anhören, es strenge sich nicht genug an. Das mindert den Stress natürlich nicht. Die Verbindung zwischen den Gehirnhälften, eine Art Balken (Corpus callosum), ist durch die Umschulung wie eine zuviel befahrene Autobahn. Einmal kommt eine Information gut durch, dann hängt die gleiche Information für Stunden fest. Das Erscheinungsbild kann durchaus nach ADHS- Symptomen aussehen. Es lohnt sich also immer, bei auffälligen Kindern eine Weile zu beobachten, welche Hand bevorzugt benutzt wird. Auch alte Fotos geben oft Aufschluss: In welcher Hand waren die Kekse, an welchem Daumen wurde gelutscht, welche Hand hält das kleine Schäufelchen? Leider können die umgeschulten Kinder meist gut imitieren, so werden zum Beispiel Wasserflaschen häufig zwar mit der rechten Hand am Deckel aufgemacht, dabei wird aber die Flasche mit links gegen den Deckel gedreht. Glücklicherweise gibt es Hilfe, in ganz Deutschland finden sich Händigkeitsberater, welche von der führenden deutschen Kapazität auf diesem Gebiet ausgebildet worden sind, von Dr. Johanna Barbara Sattler. Diese Berater können in zwei bis drei Stunden dauernden Tests mit großer Wahrscheinlichkeit die ursprüngliche Händigkeit herausfinden. Besonders angeraten ist dies, wenn

X   nahe Verwandte Linkshänder oder umgeschulte Linkshänder, oft auch Beidhänder genannt,[11] sind.

X   Sie Zwillinge haben, aber beide Kinder Rechtshänder sind. Meist ist einer der Zwillinge von Natur aus Linkshänder.

X   das Kind mit links angefangen hatte zu malen, zu schreiben und ansonsten zu handeln, später aber auf die rechte Seite gewechselt hat.

Linkshändige Kinder, die mit der linken Hand schreiben, entwickeln sich übrigens völlig normal. Weitere Informationen bekommt man in der ersten deutschen Beratungsstelle für Linkshänder, im Internet unter www.lefthander-consulting.de.

Hochbegabung

Ein unterfordertes oder sozial schlecht eingebundenes hochbegabtes Kind kann große Schwierigkeiten haben und machen. Leider ist einigen Lehrern und Ärzten das Ausmaß des Leidensdruckes, den diese Kinder verspüren, offenbar nicht bewusst.

Ein Beispiel:

Eine meiner hochbegabten Patientinnen, zu der Zeit gerade 8 Jahre alt, hatte ihrem älteren Bruder etwas abgeschaut. Dieser sollte als Mathematik-Hausaufgabe mit einem Zirkel Hilfspunkte erstellen, mit denen sich ein Achteck zeichnen ließ. Das Mädchen hatte sich das einmal angesehen und konnte es problemlos nachmachen. Es zeigte das Bild am nächsten Tag ihrem neuen Lehrer. Um sich mit ihm anzufreunden, wollte das Mädchen dem Lehrer das Bild schenken. Dieser fragte jedoch argwöhnisch, ob sie schwindeln würde, da er sich nicht vorstellen konnte, dass das Bild von ihr war. Als das Mädchen bei der Wahrheit blieb, sagte er: »Dann macht es dir sicher nichts aus, der ganzen Klasse zu zeigen, wie das geht!« Da das Mädchen körperlich sehr klein gewachsen ist, hatte es etwas Schwierigkeiten mit dem großen Schulzirkel an der Tafel zu konstruieren. Nach ca. 20 Minuten hatte sie es dennoch geschafft. Der Lehrer lobte das Kind jetzt aber nicht. Er sagte dem Rest der Klasse, dass der durch den Zeitverlust fehlende Stoff zusätzliche Hausaufgabe sei. In der Folge stand »die Blöde, die uns die zusätzlichen Hausaufgaben eingebrockt hat« weinend bei der Mutter vor der Tür.

Ich würde gerne sagen, dass es sich um einen Einzelfall handelt, denn ich kenne persönlich auch viele *sehr* bemühte und sensible Lehrer. Leider kommt so etwas jedoch häufiger vor. Hier muss einfach Aufklärungsarbeit geleistet werden, denn grundsätzlich ist wohl jeder Lehrer am Wohl der ihm anvertrauten Kinder interessiert.

Falls Sie denken, dass die Probleme Ihres Kindes von einer Hochbegabung herrühren könnten, lassen Sie das Kind von einer offiziellen Stelle testen. Wenn Sie Gewissheit haben, können Sie das Kind ganz anders unterstützen und die nötige Förderung, vor allem aber Verständnis, von der Schule einfordern.

Nährstoffmangel

Durch verschiedene Faktoren, wie zum Beispiel Allergien, gesteigerten Verbrauch bei Hochbegabung, Stoffwechselerkrankungen, genetische Veranlagung und andere Ursachen kann ein Kind einen Nährstoffmangel erleiden. Dieser kann zu massiven Verhaltensstörungen führen. Dr. Bernhard Rimland hat bei 191 an ADHS erkrankten Kindern untersucht, wie sie auf Nährstoffgaben reagieren. Bei 127 Kindern verbesserte sich die Situation, bei 7 Kindern verschlechterte sie sich, bei dem Rest gab es keine Änderung. Im Vergleich dazu hat Ritalin (Medikinet), getestet an 1591 Kindern, deutlich schlechter abgeschnitten. In ca. einem Viertel der Fälle hat es eine Verbesserung, in einem weiteren Viertel eine Verschlechterung und in der anderen Hälfte gar nichts außer Nebenwirkungen gebracht. Die Kinder mit der Nährstoffergänzung profitierten also in fast allen Fällen ohne Nebenwirkungen, während Ritalin nur wenigen Kindern half, aber viele Nebenwirkungen verursachte. Das bedeutet, dass die Nebenwirkungen von Ritalin auch den 75 Prozent der Kinder zugemutet werden, die überhaupt keinen Nutzen daraus ziehen. Einen Nährstoffmangel zu beheben ist nicht ganz einfach. Es bedarf eines erfahrenen Therapeuten oder einer aufwendigen Blutuntersuchung, um überhaupt erst einmal zu einem verwertbaren Ergebnis zu kommen. Auch die gegebenenfalls erforderliche Behandlung sollte ein Fachmann durchführen, denn einige Vitamine und Spurenelemente können in größeren Mengen Vergiftungserscheinungen auslösen, so zum Beispiel die fettlöslichen Vitamine E, D, K und A. Ein zu hoher Kupfer-Spiegel (Kupfer ist ein Spurenelement) wird mit großer Ängstlichkeit und Paranoia in Verbindung gebracht. Kupfer ist zwar lebenswichtig, aber in großen Mengen schädlich. Zu hohe Werte können zum Beispiel in Häusern mit Kupferrohren über das Trinkwasser erreicht werden. Schokolade enthält ebenfalls viel Kupfer und sollte deshalb nicht in großen Mengen verzehrt werden. Auch ein Zinkmangel kann hohe Kupferwerte zur Folge haben, denn Zink ist ein natürlicher Gegenspieler von Kupfer. Ein Zinkmangel kann überdies, wie beschrieben, durch Stoffwechselerkrankungen wie »HPU« ausgelöst werden.

Ich habe die Beobachtung gemacht, dass auch das Auftreten von sogenannten Aphten, kleinen scheußlich schmerzhaften Geschwüren im Mund, in einem Zusammenhang mit einem hohen Kupferspiegel steht.

Ebenfalls höchst problematisch ist das Jod. Es gehört in die Gruppe der Halogene (giftige Nichtmetalle der 7. Hauptgruppe des Periodensystems), wie Chlor, Brom und Fluor. In kleinsten Mengen ist Jod lebenswichtig, das ist unbestritten. In großen Mengen ist es aber wirklich giftig. Ein Zuviel an Jod ist schnell erreicht. Durch die Tierfutter-Jodierung ist es in Deutschland kaum noch bis gar nicht mehr möglich, sich jodfrei oder zumindest jodarm zu ernähren. Zu allem Überfluss reichern viele Hersteller ihre Produkte mit Jodsalz an. Für viele Menschen, die unter Schilddrüsenproblemen leiden, ist das für sie unabdingbare Beschaffen jodarmer Lebensmittel eine ständige Herausforderung. Wird zu Hause auch noch Jodsalz benutzt, ist das Maß selbst für Menschen ohne Schilddrüsenprobleme schnell voll. Einige Menschen reagieren empfindlicher auf Jod als andere.

Die von einer Jodempfindlichkeit betroffenen Personen zeigen oft Symptome wie:

Trockene, welke Haut

Überreiztheit, Aggression, Depression

Unruhe, Unkonzentriertheit

Schwindel, Kopfweh

Schnupfen (Nase ist »dauerdicht«)

Müdigkeit, Schlaflosigkeit, Schwitzen

Zittern, Herzrasen

Magen- Darm-Probleme, Juckreiz

ADHS- Symptome

Viele andere Symptome

Wenn auch nur ein einziges der genannten Symptome auf Sie zutrifft, lohnt sich ein Besuch auf der Seite: www.jodkrank.de. Dort finden Sie weiterführende Informationen. Der Gegenspieler von Jod ist übrigens Selen. Lassen Sie sich auch hier wieder von Fachleuten über die richtige Menge aufklären, um keine Überdosierung zu riskieren.

Es gibt nur wenige Nahrungsergänzungen, deren Anwendung ohne fachlichen Rat unkritisch ist. Hierzu gehören zum Beispiel Fischölkapseln mit Omega 3-Fettsäuren. Omega 3 Fettsäuren werden durch die modernen Ernährungsgewohnheiten kaum noch mit dem Essen aufgenommen, deshalb haben viele Menschen einen schwerwiegenden Mangel daran. Besonders reizempfindliche Kinder können stark von einer Einnahme profitieren, da diese Fette zum Einbau in die Nerven-Isolation (Myelinscheiden) gebraucht werden. Wenn genügend Myelin vorhanden ist, gibt es weniger Überreizungskurzschlüsse. Gesundheit und ein ausgeglichenes Gemüt sind von Nährstoffen abhängig. Magnesium wird für über dreihundert Stoffwechselvorgänge benötigt! In vielen Fällen kann also der gezielte Einsatz von Nahrungsergänzungen wie Vitamin B-Komplex, Omega 3- und

6-Fettsäuren, Zink, Selen, Mangan, Magnesium und anderen Stoffen das Beschwerdebild dramatisch verbessern.

Ritalin

Medikamente wie Ritalin wirken weniger gut als Nahrungsergänzungen, können aber deutlich mehr Schaden anrichten. Ritalin gehört zur Gruppe der Amphetamine und untersteht dem Betäubungsmittelgesetz; jede einzelne Verschreibung ist also meldepflichtig, wie zum Beispiel bei Morphium. Methylphenidat, der Wirkstoff von Ritalin, ist anregend und ruft im Menschen Effekte hervor, die denen von Kokain ähnlich sind. Bei ADHS kehrt sich dieser Effekt paradoxerweise um. Die Kinder werden in ca. 25 Prozent der Fälle ruhiger, bei ebenso vielen Kindern verschlechterten sich jedoch die Symptome; bei etwa 50 Prozent zeigte sich keine Wirkung auf das Verhalten, aber trotzdem teilweise Nebenwirkungen. Ritalin sollte nur unter ärztlicher Aufsicht abgesetzt werden, denn da Ritalin abhängig macht, ist mit Entzugserscheinungen zu rechnen.

Wohl wissend, das es möglicherweise zu der parkinsonschen Krankheit führt, wenn man länger Ritalin nimmt (die Substantia nigra, eine Dopamin produzierende Region im Gehirn, wird wahrscheinlich geschädigt), sind viele Therapeuten zu Recht zurückhaltend mit der Verschreibung. Weitere Nebenwirkungen sind zum Beispiel Bluthochdruck, zu hoher Puls, Appetitlosigkeit, Bauchschmerzen, Zittern, Gewichtsverlust, Wachstumsverzögerung, Zuckungen und Tics, Nervosität, Reizbarkeit, Erregungszustände, Halluzinationen, gewalttätiges Verhalten,

Herzrhythmusstörungen und psychische Abhängigkeiten. Aus diesem Grund bin ich der Meinung, dass eine Einstellung von Kindern auf Methylphenidat-Medikamente ohne eine Abklärung mit Ausschluss der erwähnten anderen möglichen Ursachen ein Skandal ist. Es mag Situationen geben, in denen zur Beseitigung einer familiären Krise die kurzfristige Anwendung von Ritalin gerechtfertigt ist. Die dauerhafte Anwendung an etlichen Kindern ist es sicher nicht.

Tipp: Falls Ihr Kind schon Ritalin nimmt, können Sie trotzdem nach Ursachen suchen. Wenn Sie fündig werden, können Sie (zusammen mit dem Arzt!) das Ritalin ausschleichen. Falls Sie die Entscheidung »Ritalin oder kein Ritalin« noch vor sich haben: Entscheiden Sie sich gegen das Medikament.

Ritalin ist ein verschreibungspflichtiges Medikament mit massiven Nebenwirkungen, und ADHS ist in 95 Prozent der Fälle keine lebensbedrohliche Erkrankung. Ich weiß, dass klingt hart. Ich arbeite regelmäßig mit ADHS-Kindern und habe selbst eines, allerdings ist es gut behandelt. Ich kenne den Druck, die Angst um die Zukunft und die Verzweiflung. Ich kenne die Ausgebranntheit und die entstehende Aggression. Ich habe Familien gesehen, die an solchen Kindern zerbrochen sind. Und ich sage trotzdem: Es ist zu schaffen! Die Medikamente schaden Ihrem Kind und beseitigen nicht die Ursache. Checken Sie erst alle Möglichkeiten, anderen Ursachen auf den Grund zu gehen; wir haben bislang in der Praxis immer einen Ansatz gefunden! Die ersten fünf Kapitel können Ihnen praktisch dabei helfen.

Hinweise zur Benutzung

Das Herzstück der Stern-Methode ist die umfassende Neuordnung der fünf wichtigen Erziehungsbereiche: Ordnung, Ernährung, Bewegung, Erziehung allgemein und Schulerziehung. Auch wenn die Ursachen und die Art der Auffälligkeiten unterschiedlich sind, haben schwierige Kinder doch eines gemeinsam: Bildlich gesprochen haben sie das Problem, dass ihr »Fass zum Überlaufen voll« ist. Jeder Versuch, in einem einzelnen Bereich etwas zu ändern, entlastet nur wenig, wenn das Fass bis an den Rand gefüllt ist. Durch eine kleine Besserung auf einem einzelnen Gebiet ändert sich der Pegel nicht merklich, das Bemühen war scheinbar umsonst. Verständlicherweise geben viele Eltern an diesem Punkt auf. Es gibt aber eine Lösung. Die Stern-Methode hilft Ihnen, systematisch – sozusagen Zacke für Zacke – einen Bereich nach dem anderen zu entlasten. Der Pegel sinkt deutlich, das Fass läuft nicht mehr über.

Während normale Kinder wie einfache Schlösser für Schlüssel mit nur einem Bart sind, kann man verhaltensauffällige Kinder mit Sicherheitsschlössern vergleichen. Mehrere Einrast-Nippel wollen von dem Schlüssel beiseite geschoben werden, bis sich das Schloss öffnen lässt. Wenn Sie nur einen wegdrücken, egal welchen, wird sich das Schloss nicht öffnen lassen. Die Stern-Methode entriegelt Stück um Stück, bis der Weg frei ist: in eine sorglosere Zukunft mit einem glücklicheren Kind.

Die nachfolgenden Kapitel beschäftigen sich jeweils mit einem Teilbereich im Leben Ihres Kindes. Mit welchem Sie anfangen, ist für die Erfolgsaussicht insgesamt unwichtig. Vielleicht entscheiden Sie sich für den Bereich, der Ihnen am meisten Sorgen macht, vielleicht für den, welcher am einfachsten umsetzbar erscheint. Wenn die Probleme in einem bestimmten Bereich, wie

38

zum Beispiel der Schule, schon ausufern, fangen Sie vielleicht am besten damit an. Eines ist sicher, die Summe Ihrer Bemühungen hilft, den Pegel zu senken, und wird positive Auswirkungen auf Ihr Kind haben.

Als erstes Kapitel haben wir die »Ordnungsstrategien« gewählt, hier ist der Erfolg im wahrsten Sinne des Wortes am Ende deutlich sichtbar. Das gibt Kraft und Durchhaltevermögen für die anderen Kapitel. Und denken Sie daran: Machen Sie nicht zuviel auf einmal. Ein gefestigter kleiner Schritt ist besser als ein schnell vergessener großer Schritt.

Pläne und Vordrucke

In fast jedem Kapitel finden Sie Vorschläge für Pläne und Vordrucke. Natürlich sollen Sie nicht alles in die Tat umsetzen. Es handelt sich um Vorschläge, die Sie nutzen können, wenn Sie in einem Kapitel Schwierigkeiten mit der Anwendung haben oder wenn der Schwerpunkt in der Problematik Ihres Kindes auf diesem Thema liegt. Suchen Sie sich den einen oder anderen Plan aus, der Ihnen liegt, und setzen Sie ihn unterstützend ein.

Tipp: Machen Sie nicht zu viele Pläne auf einmal, sonst verlieren Sie vielleicht den Überblick.

Ordnungsstrategien zur Reizminderung

Sie kennen das sicher: Das ganze Kinderzimmer ist mit viel Mühe picobello aufgeräumt worden. Abends lagen ein paar Schnipsel herum, aber ansonsten war das Zimmer noch ganz ansehnlich. Am nächsten Nachmittag regiert wieder das Chaos. Ich stelle folgende erstaunliche These auf: Wenn das Kind die Schnipsel weggeräumt hätte, wäre das Zimmer am nächsten Tag noch aufgeräumt gewesen!

Den meisten Menschen ist nicht bewusst, wie sehr Unordnung sie beeinflusst. Die Energie stockt; es stellen sich Müdigkeit, Lethargie und Niedergeschlagenheit ein. Bei einigen Kindern führt die Unordnung zu Unruhe; diese Kinder schlafen schlecht und wirken durchgehend unorganisiert und konfus. Und bei schwierigen Kindern funktioniert das Ausblenden von Reizen oft nicht gut, deshalb ist für sie Ordnung noch wichtiger als für normale Kinder.

Außerdem ruft Unordnung Streitereien hervor: Statt friedlich zu spielen, diskutiert Ihr Sprössling stundenlang mit Ihnen, warum er nicht aufräumen kann oder will. Sie sind zu Recht verärgert, fehlt Ihnen doch diese Zeit wieder an anderer Stelle. Schon sind beide nicht mehr auf der Sachebene, sondern auf der Beziehungsebene. Es geht nicht mehr nur um die Frage, ob das Zimmer aufgeräumt ist, sondern um Enttäuschungen und unausgesprochene Erwartungen.

Das Kind fühlt sich überfordert, Sie sind wütend.

Versuchen Sie einmal, mit den Augen des Kindes zu sehen. Als Sie noch klein waren, schien Ihnen da die Welt nicht riesig? Die Wege waren endlos und die Wiesen mit ihren Büschen und Verstecken ein Abenteuerspielplatz.

Sucht man diese Orte später auf, kommen Sie einem recht überschaubar vor.
So ähnlich ist es auch beim Kinderzimmer.

Beim Aufräumen braucht das Kind eine Art Schatzkarte, um sicher durch das scheinbar unüberwindliche Chaos zu navigieren.

Bei Ihnen als Eltern kommen durch eine Auseinandersetzung über das Aufräumen vielleicht Gefühle hoch, die im üblichen Alltagsstress sonst nicht erkannt und verarbeitet werden. Häufig scheinen die Kinder undankbar zu sein. Man arbeitet den ganzen Tag um sie herum, und die Kinder sind nicht einmal in der Lage, ihren eigenen kleinen Bereich ordentlich zu halten. Dies scheint rücksichtslos zu sein. Schließlich hat das Kind zwei gesunde Hände, was liegt näher, als Absicht zu unterstellen?

Es ist aber nicht nur Absicht oder Faulheit. Das Kind steht wirklich vor einem ihm riesig scheinenden Berg und braucht einen Bergführer. Sie werden schon allein durch Ihr eigenes Verständnis entlastet. Es ist leichter, sachlich zu bleiben, wenn man nicht das Gefühl hat, dass der Andere einen ärgern will. Der Rest ist lediglich eine Sache der Technik. Und die bekommen Sie ja jetzt.

Kinderleicht Ordnung halten durch gute Planung

Vielleicht ist es etwas ungewohnt für Sie, sich Pläne aufzuhängen, oder genau zu planen, *wann was* gemacht wird. Leider ist das einer der Gründe, warum das Ordnunghalten so schwer fällt. Sie planen zum Beispiel so locker, abends mit dem Kind aufzuräumen. Dann fällt Ihnen ein, dass Sie noch einkaufen müssen. An der Kasse sind Sie in der langsamsten Schlange – das war ja zu erwarten. Kaum ist der Einkauf ausgeräumt, ist es schon Zeit für das Abendessen. Hinterher fragt das Kind nach seiner Fernsehzeit. Ihre Schwester ruft an. Als Sie, kurze Zeit später nur, auflegen, ist es für das Kind schon Zeit, ins Bett zu gehen. War ja nicht anders zu machen, sagen Sie? Ehrlich gesagt schon …

Sicher ist es in dringenden Fällen erforderlich, flexibel zu sein. Natürlich geht es nicht darum, sich sklavisch an eine Vorgabe zu halten. Zuviel Flexibilität führt aber zu Chaos. Beginnen sie mit einem Plan für sich. Hier werden alle anfallenden Arbeiten festgehalten, von Hausarbeit über Organisatorisches bis hin zum Fahrdienst für Kindergeburtstage. Falls Sie außer Haus arbeiten, werden auch die Wegezeiten notiert.

Der Plan sollte alle Wochentage und eine Zeitleiste mit den jeweils vollen Stunden enthalten.

Vorschlag für einen Wochenplan:

Uhr	7	8	9	10	11	12	13	14	15	16	17	18	19	20
Mo														
Di														
Mi														
Do														
Fr														
Sa														
So														

Besonders gut geht dies am Computer oder auch von Hand auf einem quer gelegten DIN A4-Blatt. Im Plan notieren Sie, welche Arbeiten regelmäßig anfallen; zum Beispiel gibt es immer um 7 Uhr 15 Frühstück. Also schreiben Sie bei 7 Uhr: Frühstück vorbereiten, essen, Tisch abräumen; Ende: 7 Uhr 40. Um 8 Uhr 15 bringen Sie das Kind in den Kindergarten? Notieren Sie: 8 Uhr vorbereiten Wegbringen Kindergarten. Warum so genau? Man verschätzt sich oft bei Routinearbeiten. Das verursacht Hektik und Stress.

Ein Beispiel:

Abends sind Sie müde. Eigentlich müssten Sie für die Schule noch Bastelkleber und Pinsel heraussuchen. Weil Sie so müde sind, verschieben Sie das auf morgens. Schließlich ist das Frühstück um halb acht vorbei; die Kleine muss aber erst um 7 Uhr 45 aus dem Haus. Morgens suchen Sie die Bastelsachen heraus, alles klappt. Etwas gehetzt vielleicht – egal. Sie fahren zur Arbeit. Mittags zu Hause angekommen, wollen Sie Essen kochen. Leider ist der benötigte Topf nicht sauber, weil der Geschirrspüler nicht an war. Das Geschirr vom Frühstück sollte ja noch mit hinein. Das steht aber immer noch auf dem Tisch; wegen der Bastelarbeiten war keine Zeit, es wegzuräumen. Brummig hetzen Sie sich ab: Tisch abräumen, Topf spülen, schnell essen kochen usw.

Weil es keinen Plan gab, wurden die sogenannten Nebenarbeiten nicht mit eingerechnet. Dieser Plan soll kein Arbeitsplan sein, es geht mehr um eine Bestandsaufnahme. So können Sie Belastungen und Krisenzeiten besser erkennen, vorausahnen und schon im Vorfeld für Entlastung sorgen. Je ausführlicher Sie den ersten Plan gestalten, desto realistischer wird er. Falls Sie unsicher sind, messen Sie eine Weile lang die Dauer der Tätigkeiten. Der Plan ist fertig? Suchen Sie Lücken, in denen Sie 30 Minuten am Stück Zeit haben, und tragen Sie »Kinderzimmer« ein. Wenn möglich an sechs von sieben Tagen. Keine Sorge, in nicht allzu ferner Zukunft räumt das Kind alleine auf, und Sie können die erstaunlich knappe Zeit wieder für etwas anderes nutzen. Auch für das Kind wird ein Plan erstellt; an den sechs entsprechenden Wochentagen wird jeweils ein Abschnitt eingetragen, der gründlich aufgeräumt und gegebenenfalls abgewischt wird. Sinnvoll ist zum Beispiel eine Unterteilung in:

X   Bett und darunter

X   Schreibtisch/Maltisch

X   Kleiderschrank

X   Spielkisten 1. Hälfte (mit kleinem Kreuzchen oder Heftpflaster kennzeichnen)

X   Spielkisten 2. Hälfte

X   Fensterbank und Boden

Dieser Plan muss natürlich an die Ausstattung Ihres Kindes angepasst werden. Ein Tag sollte frei sein, damit Freizeit einen angemessenen Wert zugewiesen bekommt. Bevor Sie jedoch in die Praxis gehen, macht es Sinn, das nächste Kapitel noch zu lesen.

Mehr Energie durch Entrümpeln

Waren Sie schon einmal bei einer wirklich alten Person in der Wohnung? Dann werden Sie vielleicht etwas gemerkt haben: es riecht. Nicht schlecht oder schimmelig wahrscheinlich, aber irgendwie sehr deutlich. Das liegt in der Regel nicht an der alten Person. Das über Jahre angesammelte Zeug, von Deckchen über Bücher zu Fotos hat einen typischen muffigen Geruch. Auch bei Ihnen zu Hause gibt es diesen Geruch, er ist nur noch nicht so ausgeprägt. Riechen Sie mal an einer länger nicht benutzten Spielkiste …

Gerümpel zieht Staub an und kostet Platz. Es verbraucht Heizenergie und erhöht den Putzaufwand. Warum trennen wir uns dann nicht davon?

Es ist schwer, das Gerümpel loszulassen. Zum Beispiel weil man Angst hat: Wenn mein Mann seine Arbeit verliert und ich noch ein Kind bekomme, brauche ich vielleicht auch den Strampelanzug mit dem Fleck noch. Wenn mal mehr als 274 Gäste kommen, habe ich ja sonst keine Sektgläser. Wenn ich das Bilderbuch wegwerfe, ist Tante Anni vielleicht böse – außerdem darf man Bücher nicht wegwerfen, oder? Vielleicht fällt es Ihnen leichter loszulassen, wenn Sie etwas mehr Vertrauen üben. Vertrauen darauf, dass die Verwandtschaft Babykleidung mitbringt, wenn es knapp wird. Vertrauen darauf, dass die nette Nachbarin einem Ihre Sektgläser gerne mal leiht. Vertrauen darauf, dass Tante Anni es gut fände, wenn das teure Bilderbuch noch ein Kind glücklich macht. Bisher ist mir in jeder Situation eine neue Tür geöffnet worden, wenn ich eine alte geschlossen hatte. Außerdem ruft schon der Vorgang des Aufräumens an sich ungeahnte Energien hervor.

Suchen Sie für die Entrümpelungsaktion ein Wochenende aus, an dem Sie über beide Tage frei verfügen können. Planen Sie kein aufwändiges Essen, sondern etwas Schnelles. Erledigen Sie Nebenarbeiten wie Einkaufen etc. in der Woche davor, und bringen Sie große Müllbeutel sowie einen größeren Karton mit.

Kennzeichnen Sie vier der Beutel mit »Müll«, »Flohmarkt«, „zu groß" und »Altkleider«. Die Kiste kennzeichnen Sie mit »Haltbarkeit: (aktuelles Datum + ein Jahr)«. Wenn Sie also am 1.10.2008 entrümpeln, ist das Datum 1.10.2009.

Beginnen Sie mit dem Öffnen der Fenster. Dann räumen Sie alles (!) aus dem Kleiderschrank heraus und wischen ihn aus. Nehmen Sie jedes Kleidungsstück einzeln in die Hand und überprüfen es auf folgende Punkte:

Passt optimal

Ist heil und ohne Dauerflecken

Gefällt dem Kind

Gefällt Ihnen

Nur was diesen Kriterien entspricht, darf zurück in den Schrank. Nicht schummeln!

Der Rest wird wie folgt verteilt:

Zu klein:	Altkleider oder Geschwisterschrank
Zu groß:	»zu groß«-Beutel
Mehr als ein Mangel:	Altkleider
Kaputt oder fleckig, aber tragbar:	Kiste
Gefällt dem Kind nicht:	Altkleider
Gefällt Ihnen nicht:	Altkleider

So sollte am Ende kein Kleidungsstück übrigbleiben. Der »zu groß«-Beutel wird zugeknotet und erst wieder geöffnet, wenn das Kind etwas gewachsen ist und die Kleidungsstücke mutmaßlich passen. Legen Sie den Beutel an die Stelle im Schrank, welche am schwersten für das Kind zugänglich ist. Die Kiste kommt ganz unten in den Schrank und kann für den Kindergarten oder zum »herumbutschern« benutzt werden; eben für alles was fleckengefährlich ist. Beim nächsten Entrümpeln oder spätestens am »Haltbarkeitsdatum« wandern die Sachen in den Altkleidercontainer und werden durch neue Mängelteile ersetzt. Den Altkleiderbeutel können Sie nach verschenkfähigen Sachen durchsuchen und diese mit dem Entrümpeldatum versehen. Der Rest wird sofort zum Entsorgen in Ihr Auto getragen oder vor die Tür gestellt. Sollten Sie die verschenkfähigen Sachen nach vier Wochen noch nicht weitergegeben haben, wandern diese auch in die Altkleidersammlung. Jetzt haben Sie einen Schrank, in dem man gut Ordnung halten kann!

So ähnlich verfahren Sie auch mit den Abschnitten, die wir schon kennen:

Bett und darunter

Schreibtisch / Maltisch

Kleiderschrank

Spielkisten 1. Hälfte (gekennzeichnet!)

Spielkisten 2. Hälfte

Fensterbank und Boden

Dafür brauchen Sie die Beutel »Müll« und »Flohmarkt« sowie den Karton. Außerdem werden ein Haushaltslappen und eine Schüssel mit Wasser und einem Spritzer Spülmittel benötigt.

Jeder Abschnitt wird überprüft nach:

Wird gebraucht

Wird geliebt

Ist heil

Wird benutzt / ist altersentsprechend

Um dies zu entscheiden, müssen Sie das Kind natürlich fragen. Hierbei spielen Faktoren wie »war teuer« oder »ist von Oma« nur eine untergeordnete Rolle. Kaputte Teile kommen auf einen Müll-Stapel. Ungeliebte wandern, je nach Zustand, in den Müll oder in die Flohmarkt-Tüte. Nie benutzte Gegenstände gehören ebenfalls auf den Flohmarkt. Doppelte Teile wie Lineale etc. wandern in eine eigene Schublade im Zimmer. Diese wird mit »Reserve« gekennzeichnet. Falls Sie mutig sind, behalten Sie das beste Exemplar und entsorgen Nummer Zwei (oder Drei, Vier, Fünf …). Jede Spielkiste, Schublade etc. wird komplett geleert und ausgewischt. Der Inhalt wird wie beschrieben sortiert. Die Sachen, welche Sie behalten, sollten bei Bedarf auch abgewischt werden. Und jetzt kommt der wahrscheinlich wichtigste Satz im ganzen Ordnungsprogramm:

Es muss für jedes Teil im gesamten Kinderzimmer einen festen Platz geben!

Dazu werden die einzelnen Teile Gruppen zugeordnet. Bei Lego, Playmobil und Autos ist das noch leicht. Spätestens bei McDonalds-Zugaben, Überraschungseier-Inhalten oder sonstigen Einzelteilen stößt man jedoch auf Probleme. Hier empfehle ich folgende Vorgehensweise:

Je eine Kiste in der benötigten Größe für klar zuzuordnende Gegenstände. Zum Beispiel eine Lego-Kiste, eine Playmobil-Kiste, eine Bastelartikel-Kiste, eine Bügelperlen-Kiste, eine Stifte-Kiste etc. Sollte das Kind Überraschungseier horten, bekommen diese eben auch eine eigene Kiste. Am besten rechnen Sie plus zehn Prozent für Zuwachs beim Spielzeug.

Der Rest wird nach Material sortiert. Trennen Sie in Kunststoff, Holz, Papier und Metall. Falls von einer Kategorie wenig da ist, kann es zugeordnet werden: Papier kann mit in die Bastel-Kiste, Metall eventuell mit in die Auto-Kiste und so weiter.

Auch Stofftiere und Puppen brauchen einen festen Platz. Falls es zu viele Tiere gibt, können die ungeliebteren Tierchen verschenkt werden. Dankbare Abnehmer sind oft »Weihnachten im Schuhkarton« und andere wohltätige Sammelaktionen oder Kinderabteilungen in Krankenhäusern. Wenn das Kind sich nicht trennen mag, kann ein Teil der Stofftiere zum Beispiel in einem Wäschesammler wohnen; die Tiere werden mit einem normalen 40x40-Kissen abgedeckt, auf das dann regelmäßig die benutzte Wäsche kommt.

Bücher, die beschädigt, ungeliebt oder nicht mehr altersgemäß sind, werden wie beschrieben entsorgt. Der Rest kann auf ein Regal oder in ein Fach im Kleiderschrank. Gut wäre es, wenn das Kind jederzeit frei an die Bücher heran kann und nicht fragen muss. Lesen fördert das Verständnis und die Sprachentwicklung. Vorlesen ist auch gut als Belohnung einzusetzen; das finden auch ältere Kinder noch spannend.

Tipp: Grundsätzlich gilt, dass wenig benutzte oder saisonal nicht benutzte Dinge an die am schwersten zugänglichen Stellen gelegt werden sollten. Viel Benutztes sollte hingegen jederzeit greifbar und auch leicht wieder aufzuräumen sein. Schlecht erreichbar sind in der Regel folgende Stellen: Oben auf dem Schrank, rechts und links unter dem Bett hinter den Beinen, in der hinteren Reihe unter dem Bett und im obersten Fach im Kleiderschrank.

Sorgen Sie dafür, das genug Kästen und Schubladen zur Verfügung stehen. Bei kleineren Kindern kann man auch das entsprechende Spielzeug digital fotografieren und das Foto an den Kisten anbringen; so fällt die Zuordnung leichter. Größeren Kindern reicht meist ein Zettel für die Dauer von vier Wochen, z.B. ein Haft-Notizzettel, um sich an die Verteilung zu gewöhnen. Jetzt ist das Zimmer gerümpelfrei und strukturiert. So steht dem aufräumen Lernen nichts mehr im Weg.

> **Ein Tipp**: Falls das Kind beim Aufräumen grundsätzlich zickig wird, ist es vielleicht gegen Bestandteile im Staub allergisch. Hier hilft es, zwischendurch die Hände und das Gesicht zu waschen. In schlimmeren Fällen kann während des Aufräumens ein Luftreiniger laufen. Oft geht es den Kindern auch besser, wenn Sie die Kleinen zwischendurch etwas essen lassen.

Ab jetzt sparen Sie Zeit, Geld und Nerven!

Stellen Sie einen Popup-Wäschesammler neben den Schrank. Das Kind wird die Anziehsachen am ehesten dort ausziehen, wo es neue vermutet. Die Schmutzwäsche wird nach dem Ausziehen direkt in den Korb gelegt. Abends auf dem Weg zum Zähneputzen wird die Wäsche mitgenommen und im Bad in den Schmutzwäschekorb getan. Das spart Zeit und Nerven!

Benennen Sie eine Fläche oder ein Regal als »Ausstellungsraum« für Lego- oder Playmobil-Kreationen. Dadurch fallen weniger Kleinteile zu Boden, die leicht im Staubsauger verschwinden. Das lohnt sich, denn Lego hat einen hohen Wiederverkaufswert.

Durch das Entrümpeln und Schrankaufräumen fällt keine Wäsche mehr aus dem Schrank, die dann wieder gewaschen werden muss. Auch das spart Zeit und Geld.

Erstellen Sie einen Aufräumpfad. Hierzu malen Sie eine Schlangenlinie auf ein Blatt. Nun fügen Sie mittelgroße Kreise hinzu, die dem Verlauf folgen. In die Kreise schreiben oder malen Sie die Dinge, die das Kind aufräumen soll – in der richtigen Reihenfolge. Sie können auch Ausschnitte von Prospekten oder Fotos vom Spielzeug einkleben. Der Plan wird in das Kinderzimmer gehängt. So sparen Sie sich die »Und was als Nächstes?«-Fragen.

Der Aufräumpfad:

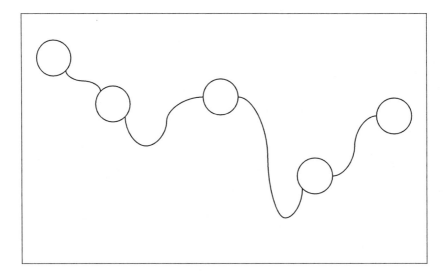

Der Pfad wird bei jeder Entrümpelungs-Aktion auf seine Aktualität überprüft und gegebenenfalls erneuert.

Durch das Antrainieren der Aufräumregeln kann Ihr Kind schon bald das Chaos alleine
bewältigen. Das spart Zeit und Nerven.

Viele Dinge werden fast neu weggeworfen, weil sie durch die »Lagerung« in

Gerümpelhaufen Schaden nehmen, zum Beispiel Bastelpapier, Stifte, Hörspielkassetten etc. Richtig gelagert tun die Dinge länger ihren Dienst, und Sie sparen Geld!

Sie haben einen besseren Überblick darüber, was fehlt oder ersetzt werden muss. Dadurch

können Sie passende Sonderangebote vorausschauend nutzen.

Kurzfristig angemeldeter Besuch kostet sie viel weniger Nerven. Wo Sie sonst hektisch

durch die vier Wände hetzen, um wenigstens etwas Ordnung zu schaffen, müssen Sie jetzt

nur noch kurz durchsaugen und können sich dann um den Kaffee kümmern!

Halten Sie für jedes Kind nur vier Garnituren Bettwäsche bereit. Diese sollten farblich auf

die Laken abgestimmt sein und zur Hälfte Sommer- bzw. Winterqualität haben. Alle geerbten, ungeliebten, in Einzelteilen vorkommenden Bezüge oder Kissen werden zu Picknickdecken oder Putztüchern. Jetzt haben Sie immer einen guten Überblick und viel mehr Platz im Schrank. Außerdem sind Sie wahrscheinlich eher bereit, einen losen Knopf wieder anzunähen. Sie denken nicht mehr: »Einer der Bettbezüge muss genäht werden«, sondern »Jonas Autobezug ist kaputt«. Diese persönlichere Sichtweise hilft, den Wert der Gegenstände zu sehen und ihn zu erhalten. Das spart Geld und schont die Umwelt.

Das Selbstbewusstsein Ihres Kindes wächst. Es bekommt jetzt häufiger gute
Rückmeldungen als schlechte. Dadurch, dass Sie das Kind für Dinge
loben, die es später
gut brauchen kann, wird es lebenstüchtiger, selbständiger und
zufriedener.

Dauerhaft ordentlich durch kleine Schritte

Sicher könnte man einfach zwei DIN A4-Seiten mit Regeln aufstellen und
dem Kind sagen, es solle sich daran halten. Der Erfolg wäre aber nur von
kurzer Dauer, da jedes Mal eine erhebliche Gehirn-Leistung seitens des
Kindes erforderlich wäre, um alle Regeln zu beherzigen. Die aus Versehen
nicht bedachten Regeln würden das Gefühl hinterlassen, etwas falsch
gemacht zu haben. Wir möchten aber eine positive Einstellung zum
Aufräumen hervorrufen. Sinnvoller ist es wohl, kleinere Schritte zu machen
und die Erfolge zu festigen. Das dauert etwas länger, hält aber im besten Fall
ein Leben lang. Es hilft, zwei Dinge aneinander zu koppeln; hierzu wird eine
schon eingeübte Tätigkeit (wie zum Beispiel das Zähneputzen) mit einer
neuen, Ihren Wünschen entsprechenden Routine kombiniert. Diese
Kombination wird dann eine ganze Woche geübt.

Ein Beispiel:
Sie stellen, wie schon beschrieben, einen Wäschesammler neben
den Schrank. Da das Kind nur an eine Sache zusätzlich denken
muss, prägt es sich die neue Verhaltensweise gut ein. Die
Verknüpfung mit einer schon eingeschliffenen Tätigkeit, wie dem

Zähneputzen, hilft dabei.

Einige Kinder brauchen etwas länger, um diese Rituale zu verinnerlichen. Hier kann man den Eingewöhnungs-Zeitraum je Regel unbesorgt auf zwei Wochen ausdehnen. Sie können dem Kind helfen, indem Sie es an die Übung erinnern. Das Erinnern sollte so positiv wie möglich geschehen. Man könnte zum entsprechenden Zeitpunkt sagen: »Schön, dass du gestern an die Wäsche gedacht hast«. Da Kinder Lob und Bestätigung möchten, ist es wahrscheinlich, dass das Kind ein erfolgreiches Verhalten wiederholt. Falls das Verhältnis zu Ihrem Kind sehr gespannt ist, funktioniert dies vielleicht nicht auf Anhieb. Wenn Sie die positive Bestätigung häufiger wiederholen, greift sie aber eigentlich bei allen Kindern. Jede der von Ihnen beschlossenen Regeln wird einzeln in einer Trainingswoche eingeführt und geübt. Am Ende der Trainingswoche wird das neue erfolgreiche Verhalten parallel zu den anderen positiven Angewohnheiten weitergeführt

So sichern Sie den Erfolg

Sie haben bereits viel erreicht, wenn Sie den Vorschlägen bis hierher gefolgt sind. Wie lässt sich dieser Erfolg halten?
Besonders nach Stressphasen für die Eltern, Familienereignissen wie Geburten, Krankenhausaufenthalten und anderen Störungen der gewohnten Routine fehlt häufig die inzwischen eigentlich erreichte Konsequenz. Dies kann durch regelmäßige Kontrollen wieder zurechtgerückt werden.
Manche Ereignisse haben allerdings tiefer greifende Auswirkungen. So sind zum Beispiel Todesfälle in der Familie oder Scheidungen oft Anlass zu schlechtem Gewissen und Nachlässigkeit in der Konsequenz den Kindern

gegenüber. Das ist falsch. Gerade in einer Zeit, in der die ganze Welt eines Kindes zu zerbrechen droht, ist ein Regelwerk ein gutes Gerüst, um sich festzuhalten. Auch wenn das Kind chronisch krank ist, geben Regeln eine gewisse Sicherheit; sie zeigen, dass die alte Welt noch irgendwie Gültigkeit hat und machen Hoffnung. Ich weiß, wie schwer es ist, in so einer Situation auf das Einhalten von Regeln zu bestehen. Besonders, wenn das Leben des Kindes bedroht war. Nichts scheint mehr wichtig, jede Regel unbedeutend. Diese Strukturen sind aber nötig, denn auch Kinder, die eine schwere Krankheit überstanden haben, müssen lebenstüchtig gemacht werden. Sie brauchen diesen Rahmen genauso wie (oder sogar dringender als) die anderen Kinder. Nehmen Sie Ihrem Kind diese Sicherheit nicht weg, auch wenn es schwer fällt. Natürlich muss man die Aufgaben bei kranken Kindern dem Befinden anpassen. Denken Sie sich kleine Arbeiten aus und machen Sie Schluss, wenn es zu anstrengend wird. Und achten Sie auch auf sich selbst. Man kann eine ganze Weile dem Druck standhalten und sich vormachen, dass man alles irgendwie hinbekommt. Wenn Sie aber nicht über die Situation reden und diese aktiv verarbeiten, fällt Sie die Angst irgendwann aus dem Hinterhalt an. Besonders in bedrohlichen Lagen neigen viele Menschen zum Verdrängen, das schützt während der akuten Krise. Danach sollte aber, gegebenenfalls psychologisch begleitet, eine Aufarbeitung stattfinden. In diesem Rahmen können die belastenden Faktoren wie Angst und Sorge Stück für Stück angesehen und damit »entschärft« werden. Auch nach den schwersten Schicksalsschlägen stellt sich irgendwann wieder die normale Routine ein; es ist gut, wenn Eltern und Kinder dann auf funktionierende Strukturen zurückgreifen können.

Bei Ihnen hat nichts die normale Routine gestört? Die Umsetzung der Ordnungstipps hat richtig gut funktioniert? Dann feiern Sie das mit Ihren Kindern. Es könnte zum Beispiel Saft und Schnittchen geben, hübsch angerichtet. Benutzen Sie doch besondere Teller und Gläser. Schließlich gehen die lieben Kleinen jetzt schon viel sorgsamer mit Dingen um.

Sieg auf der ganzen Linie

Sicher ist Ihnen einiges nicht leichtgefallen. Dinge wegzuwerfen, die man nicht benötigt, ist schwierig. Auch wenn man die Sachen nicht verschenkt oder verkauft bekommt und keiner sie mehr haben will, waren viele Spielzeuge oder Anziehsachen doch teuer.

Man verliert diese Gegenstände aber schon in dem Moment, in dem man sie nicht mehr benutzt, und nicht erst, wenn man sie weggibt. Ungeliebte Gegenstände bremsen die Energie und die Kreativität. Das Aussortieren setzt diese Energien wieder frei. Und auch das Unwohlsein beim Weggeben hat sein Gutes; es macht Sie beim nächsten Kauf aufmerksam für den wahren Gebrauchswert eines Gegenstandes. Wenn Sie nicht nur denken »Oh wie billig!«, sondern auch noch »Wozu und wie oft brauche ich / braucht das Kind es?« und »Wo lagere ich es?«, dann sparen Sie sich so manchen Fehlkauf. Mit dem Geld können Sie dann viel Sinnvolleres anfangen. Eis essen zum Beispiel.

Vielleicht haben Sie mit dem Umsetzen der bisherigen Vorschläge zunächst Schwierigkeiten gehabt, weil Sie früher wohlmeinend dem Kind die Verantwortung für seine Sachen abgenommen haben. Wenn Sie in der jüngsten Vergangenheit konsequent geblieben sind, hat sich aber auch das gegeben.

Und jetzt sind Sie hier, am ersten Etappen-Ziel, im dauerhaft aufgeräumten Kinderzimmer. Ist das nicht ein gutes Gefühl?

Checkliste Ordnungsstrategien

Das wird gebraucht:

- ☑ Behälter und Schubladen

- ☑ Plan Eltern

- ☑ Eventuell zusätzliche Behälter

- ☑ Stift

- ☑ Karton

- ☑ Altkleiderbeutel

- ☑ Müllbeutel

- ☑ »zu-groß«-Beutel

- ☑ Flohmarkt-Beutel

- ☑ Wischtuch, Schüssel, Spülmittel

- ☑ Wäschesammler

- ☑ Eventuell Aufkleber, Digitalkamera

- ☑ Kisten

- ☑ Aufräumpfad

Das sollte entrümpelt werden:

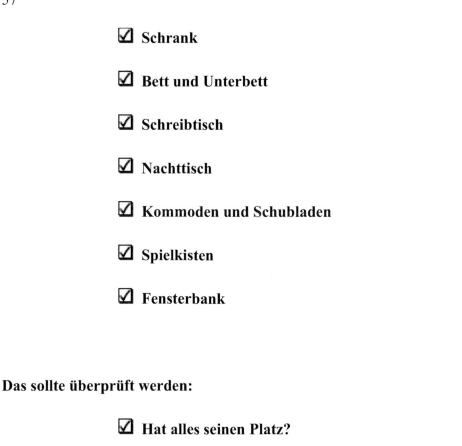

☑ Schrank

☑ Bett und Unterbett

☑ Schreibtisch

☑ Nachttisch

☑ Kommoden und Schubladen

☑ Spielkisten

☑ Fensterbank

Das sollte überprüft werden:

☑ Hat alles seinen Platz?

☑ Wann hat das Kind Zeit zum Aufräumen?

☑ Ist das Gerümpel aussortiert?

Die wichtigsten Tipps auf einen Blick

Hier sehen Sie noch einmal die wichtigsten Punkte zum Thema Ordnung im Überblick. Sie können die Punkte auch abschreiben und an eine Schrankinnenseite hängen: Jede beherzigte Regel verbessert den Ordnungszustand im Kinderzimmer.

Aber auch wenn ich die Punkte für ausgesprochen wichtig halte, gilt wieder: Was Sie nicht mögen, lassen Sie weg.

Jedes Ding muss einen Platz haben.

Ihr Kind kann etwas nur wegräumen, wenn es weiß, wo es hingehört; und dazu muss das Ding irgendwo hingehören …

Zweimal im Jahr wird nach-entrümpelt.

Kinder wachsen und entwickeln sich. Dazu erfordern die wechselnden Jahreszeiten unterschiedliche Ausstattung. Deshalb sollte zwei Mal jährlich so entrümpelt werden wie zu Beginn. Das geht natürlich dann schneller, weil Sie geübter sind und nicht mehr so viel Gerümpel vorhanden ist.

Besetzen Sie Aufräumen positiv.

Vermeiden Sie Strafen. Es sollte sich nichts Negatives im Kopf Ihres Kindes abspielen, wenn es an das Aufräumen denkt. Das Kind sollte eigene Entscheidungen treffen dürfen; es kann die Sachen den Kisten zuordnen und entscheiden, ob etwas weggeworfen wird.

Benutzen Sie Hilfen und Pläne.

Besonders der Aufräumpfad und der Wochen-Plan sind wichtig! Das Aufräumen geht schneller, und jeweils ein Abschnitt wird immer gründlich aufgeräumt.

Belohnen Sie Ordnung.

Das Kind hat schön aufgeräumt und Sie haben gerade Zeit? Sagen Sie zum Beispiel: »Es ist hier so schön aufgeräumt, da bekommt man richtig Lust, Lego zu spielen. Wollen wir zusammen spielen? Bis x Uhr habe ich Zeit.«

Versuchen Sie, ein Vorbild zu sein.

Entrümpeln und strukturieren auch Sie Ihre Bereiche. Bilder werden im Kopf schneller verarbeitet und wirken nachhaltiger als Worte. Wenn es bei

Ihnen aussieht wie »bei Hempels unterm Sofa«, bekommt Ihr Kind das mit. Garantiert. Es merkt aber auch, wenn Sie versuchen, etwas dagegen zu tun.

Fördern Sie Rituale.

Rituale helfen Kindern, sich zu sammeln und zu konzentrieren. Wenn zum Beispiel die Aufgabe »Wäsche in das Badezimmer tragen« immer an das Zähneputzen gekoppelt wird, hilft das dem Kind, sich zu erinnern. Die Wäsche liegt nicht auf dem Boden herum, die Zähne werden geputzt, und alle sind zufrieden.

Tipp: Kaufen Sie nichts, für das Sie keinen passenden Aufbewahrungsort haben!

Ein schlechtes Beispiel:

Ihre acht Jahre alte Tochter möchte ein Plüsch-Pferd zum darauf sitzen. Das Pferd kann wiehern und ist bis 100 Kilogramm belastbar. Allerdings ist es auch 80 mal 80 Zentimeter groß. Weil das Pferd von 50 Euro auf 20 Euro herunter gesetzt ist, kaufen Sie es zum Geburtstag. Zuerst ist alles toll. Nach zwei Wochen merkt das Kind, dass das Pferd langweilig ist und im Weg steht. Da es aber groß ist und teuer war, behält es seinen Platz im Kinderzimmer. Hier stört es nun beim Aufräumen und beim Saugen.

Gehen Sie nicht in diese Falle!

Tipp: Sie haben Ihr »Pferd« schon gekauft, und auch Ihr Kind spielt nicht mehr damit? Vielleicht spenden Sie es einem Kindergarten; da ist viel Platz, und Sie tun etwas Gutes.

Erziehung – Wunsch und Wirklichkeit

Nach dem elften Kinder- und Jugendbericht des Bundesministeriums für Familie, Senioren, Frauen und Jugend werden 10 bis 15 Prozent aller Kinder misshandelt. Dies bedeutet, dass die Eltern ihre Kinder häufig und schwerwiegend körperlich bestrafen. Kennen Sie zehn Kinder? Dann wird, statistisch gesehen, eines davon regelmäßig geschlagen. Meiner persönlichen Beobachtung nach sind es sogar noch mehr. Ich arbeite pro Jahr mit über 1000 verschiedenen Kindern zwischen 3 und 16 Jahren; da bekommt man Dinge zu hören, die einen bis in den Schlaf verfolgen.

Eine erschreckend große Anzahl an Eltern schlägt die eigenen Kinder. Gründe dafür sind Verzweiflung und Überforderung. Aber auch Eltern, die ihre Kinder nicht schlagen, sind oft genug verzweifelt. Sie lieben ihre Kinder und sind trotzdem überfordert, gestresst, entmutigt und unglücklich. Die Kinder werden immer lauter, aggressiver, unsozialer und unzufriedener. Sie brüllen, schlagen, treten, fordern und jammern. Sie haben alles, vom Fernseher über den Game-Boy bis hin zu Erlebnisgeburtstagen und abgepackten Kindermenüs.

Sie bekommen, von bedauernswerten Ausnahmen abgesehen, genug zu essen, müssen nicht frieren und werden gefördert. Warum zum Henker sind die lieben Kleinen dann so unzufrieden? Im folgenden Kapitel zeigen wir Ihnen Erziehungshilfen aus der Praxis, die sich bewährt haben.

Wege aus der Hilflosigkeit

Um diese Situation zu ändern, ist es nötig, die Hintergründe zu verstehen. In den letzten hundert Jahren haben sich die Kindererziehung und die Ansichten dazu massiv verändert. Das Kind ist mit abnehmender

Geburtenrate immer mehr in den Mittelpunkt der Kleinfamilie gerückt. Früher hüpften sieben oder acht Kinder durcheinander; sie erzogen und sozialisierten sich gegenseitig. Oft wohnten die Großeltern mit im Haus und unterstützten die Eltern, indem sie die Kinder hüteten. Die Eltern hatten ein klares Reglement aufgestellt. Wer sich nicht daran hielt, bekam strenge Strafen.

Sicher denken wir heute, dass körperliche Züchtigung nicht mehr zeitgemäß ist. Leider ist sie trotzdem immer noch weit verbreitet. Eine Erziehung mit Schlägen und körperlichen Strafen ist aber keine Lösung.

Patrick Holford, ein in Amerika sehr bekannter Psychologe, hat einmal geschrieben: »Die Definition von psychischer Krankheit: Fortzufahren, dieselben Dinge zu tun und dabei andere Ergebnisse zu erwarten …«

Wir müssen andere Schwerpunkte setzen und unsere Einstellung ändern. Fakt ist: Nach neun von zehn Umfragen sind Kinder von berufstätigen Müttern zufriedener und selbständiger. In jährlich von mir durchgeführten Umfragen unter 100 meiner eigenen Schüler geben jeweils zwischen 88 und 96 an, sich mit Regeln beschützter und geliebter zu fühlen. »Keine Regeln« setzten die Kinder mit Desinteresse gleich. Deshalb ist es Zeit, in der Erziehung neue alte Wege zu gehen. Es ist Zeit, zu regeln ohne zu schlagen. Zeit, konsequent zu sein ohne Gleichgültigkeit. Und Zeit, zu lieben ohne zu entmündigen. Kinder brauchen von Anfang an verlässliche Strukturen und klare Regeln. Sie erwarten von uns, dass wir sie auf das Leben vorbereiten. Aber der nörgelnde Chef streicht ihnen später nicht das Butterbrot, und eine Putzfrau können sich nur die wenigsten Auszubildenden leisten. Machen Sie Ihrem Kind das größte Geschenk seines Lebens: Erziehen Sie es zur Lebenstüchtigkeit!

Die Technik

Im Folgenden werden Ihnen Hilfestellungen angeboten, wie man mit
bestimmten Situationen umgehen kann. Natürlich ist jedes Kind anders; das
Grundsätzliche sollte jedoch beachtet werden, so erzielen Sie die
größtmöglichen Erfolge. Wundern Sie sich nicht, wenn es mit Strafen
losgeht; im nächsten Kapitel kommen auch positivere Methoden. Diese
brauchen aber, ehrlich gesagt, etwas länger bis sie wirken. Wenn man sehr
unter Druck steht, ist einfach schnelle Abhilfe erforderlich. Auch hier
entscheiden Sie wieder, womit Sie beginnen.

Nehmen Sie sich etwas Zeit, wenn das Kind nicht in der Nähe ist. Führen Sie
eine Bestandsaufnahme durch. Hierzu können Sie eine Liste machen, auf der
Sie die Verhaltensweisen notieren, die Ihnen an Ihrem Kind gar nicht
gefallen. In einer zweiten Spalte notieren Sie die Verhaltensweisen, die Sie
gut finden. Erschrecken Sie nicht, wenn die erste Spalte üppiger ausfällt. Der
Blick auf das Positive ist uns in Stress-Situationen oft verstellt; mit
zunehmender Entspannung wird sich Ihr Blickfeld erweitern.

Dann machen Sie eine zweite Liste. Hier notieren Sie Ihre *eigenen*
Reaktionen auf das Kind, soweit sie Ihnen einfallen. Auf die linke Seite alle
Verhaltensweisen, die so nicht korrekt waren, wie Schlagen, Brüllen,
Unnütz-Kritisieren oder Schlechtmachen, Auslachen, Zappelnlassen, Sich-
Rächen. Auf die andere Seite Loben, Ermutigen, Belohnen, Aufbauen,
Umarmen und so weiter. Fallen Ihnen auch hier mehr negative Dinge ein?
Wir wollen diesen Teufelskreis durchbrechen. Nehmen Sie Ihre eigene Liste
regelmäßig zur Hand und tragen Sie Veränderungen und Verbesserungen
nach.

Auch wenn Sie bei den Listen mehr auf der positiven Seite haben, hilft Ihnen
vielleicht die eine oder andere Anregung. Setzen Sie mit der Umerziehung
bei ein bis maximal drei Verhaltensweisen Ihres Kindes an, die Sie stören.

Die Verhaltensweisen notieren Sie auf einem Extra-Blatt. Nun überlegen Sie, welche Strafe bei dem entsprechenden Fehlverhalten angemessen wäre. Für diese Arbeit sollten Sie unbedingt Ruhe haben, satt sein und sich ausgeglichen fühlen.

Ein Beispiel für eine verhängnisvolle Situation:

Das Kind brüllt Sie regelmäßig an. Sie halten das so lange aus, wie Sie können, man will ja nicht immer schimpfen. Irgendwann ist Ihr Stresspegel so hoch, dass Sie explodieren. Vielleicht brüllen Sie zurück, vielleicht werden Sie im Zorn sogar handgreiflich.

Der Moment, um die Situation zu entschärfen ist schon verpasst, wenn Sie richtig verärgert sind. Sie notieren also in Ruhe auf der Liste:

Fehlverhalten:	Konsequenz:
Jemanden anbrüllen	½ Stunde Zimmerarrest

Wenn man verärgert ist, neigt man dazu überzureagieren. Da schaltet sich leider auch der gescheiteste Verstand gerne ab. Nur so sind Aussagen wie: »Du kommst nie mehr mit zu Oma, wenn du jetzt nicht schnell machst« oder »Hör auf zu brüllen, sonst bleibst du vier Wochen drin« zu erklären. Sie wollen mit Ihrer bodenlosen Übertreibung in dem Moment ausdrücken, dass Sie es wirklich ernst meinen, und beim Kind eine Reaktion auslösen. Da Sie die angekündigte Extrem-Strafe aber so nicht durchziehen können und wollen, erreichen Sie genau das Gegenteil von dem, was Sie bezweckt haben: Das Kind nimmt Sie überhaupt nicht mehr Ernst.

In dem angeführten Fall mit der Oma war Zeitdruck das Problem. Dieser lässt sich meist mit Hilfe von ein paar einfachen Tipps umgehen:

Vorbereitungen früher starten.

Das Kind mit einer Eieruhr daran erinnern, dass es sich anziehen muss.

Kleine Belohnungen versprechen: Wer zuerst im Auto ist, darf Oma die hübschen Blumen geben oder die Musik im Auto aussuchen oder ähnliches.

Das Kind bei der Oma anrufen lassen. Es kann erzählen, dass alle später kommen, weil es noch nicht fertig ist. Damit sind Sie zwar nicht pünktlicher, dafür aber aus dem Schneider. Und Ihr Kind möchte gewiss nicht immer diesen peinlichen Anruf erledigen müssen, sodass Sie künftig wahrscheinlich pünktlicher sind. (Dieser Tipp funktioniert nur bei Kindern, die nicht supergerne telefonieren!)

Auch Entscheidungen zu treffen und schnell zu handeln kann man spielerisch üben, aber nicht in der Stress-Situation. Bei untragbaren Verhaltensweisen lassen sich angemessene Strafen in der Regel nicht vermeiden. Gut wäre es, wenn die Strafe etwas mit dem Fehlverhalten zu tun hat.

Ein Beispiel:

Das Kind wirft absichtlich Essen auf den Boden. Logische Konsequenz ist Saubermachen und Taschengeldabzug, am besten in der Höhe des Schadens.

Wichtig ist, dass die Konsequenzen für das Kind in jedem Fall einsehbar und vorhersagbar sind. Einige Kinder provozieren immer neue Reaktionen, weil sie hoffen, ein Straf*muster* erkennen zu können. Eine Welt, die nicht berechenbar ist, macht ihnen Angst. Wenn Sie die Konsequenz aufschreiben, aufhängen und im Ernstfall anwenden, bleibt die Reaktion angemessen und das Kind hat einen Rahmen, an dem es sich festhalten kann. Zunächst hält sich die Dankbarkeit natürlich meist in Grenzen und die Gültigkeit der Regeln und Strafmaße wird ausgetestet. Kinder können mit verschiedenen Verhaltensmustern sehr schnell Ihren Konsequenz-Panzer knacken, tappen Sie also nicht in die folgenden Fallen:

Die Konsequenzkillerfallen

Die »Wieder brav«-Falle:

»Ich bin jetzt doch superbrav. Findest du die Strafe nicht zu hart? Wenn ich weiter brav bin, können wir die Strafe dann verschieben auf morgen?« Dazu schaut Ihr Kind Sie mit treuen Welpenaugen an. Fallen Sie da bloß nicht drauf herein! Die Strafe für *Sie* wird sonst endloses Gequengel und Gejaule sein. Jedes Mal, wenn Sie nachgeben, ist das für Ihr Kind ein weiterer Anreiz zu versuchen, Sie bei den nächsten Strafen wieder weich zu kriegen. Natürlich ist es schwer, konsequent zu bleiben, wenn man vermeintlich das gewünschte Verhalten erreicht hat. An diesem Punkt sind Sie aber noch nicht! Diese Kinder testen nur, was sie tun müssen, um die Eltern herumzukriegen. Verhandeln Sie nicht!

Die »Jammer-Falle«:

»Das ist gemein, so schlimm war das gar nicht, jetzt kriege ich den ganzen Tag kein Eis. So schlimm war es doch nicht, ich habe es doch weggeräumt. Das passiert mir ja sicher nicht wieder …« So geht es dann eine halbe Stunde oder länger. Das entsprechende Kind gelobt Besserung und jammert, bis Ihnen die Ohren abfallen. Irgendwann sind Sie so angeschlagen, dass Sie nachgeben, nur damit es endlich aufhört. Ein Trugschluss: Es hört nicht auf. Diese Art von Terror züchtet man sich selbst, durch Inkonsequenz. Wenn Sie einen Monat lang jede vereinbarte Strafe liebevoll und konsequent durchziehen, hört der Spuk auf. Die Diskussionen enden, Sie haben die gewünschte Ruhe.

Die »Manipulationsfalle«:

Kinder, die so reagieren, wissen ganz genau was sie tun. Sie könnten es nicht ausdrücken, aber ihnen ist klar, mit welchen Sätzen sie welche Reaktionen auslösen.

Ein Beispiel:

Sie haben zwei Kinder. Lena ist pflegeleicht, gut in der Schule, freundlich und hilfsbereit. Tim ist unruhig, ärgert die Lehrer und verbreitet überall Chaos. Manchmal wünschen Sie sich, dass Tim wäre wie Lena. Sofort danach haben Sie ein schlechtes Gewissen; schließlich möchten wir alle unsere Kinder gleich lieben und keines bevorzugen. Dieses schlechte Gewissen kann Tim spüren. Er ist vielleicht teilweise so unruhig, weil er Stimmungen aufgreift und widerspiegelt. (Es wird vermutet, dass eine bestimmte Sorte von Nervenzellen, die so genannten Spiegelneurone, daran beteiligt sind. Je mehr ein Kind davon hat, umso besser kann es Stimmungen »nachfühlen«.) Darum machen diese Kinder auch besonders viel Zusatz-Stress, wenn es sowieso schon kritisch ist. In einer für ihn ungünstigen Situation sagt also Tim: »Du hast Lena sowieso viel lieber als mich.«

Sie streiten das natürlich ab. Das Kind fragt: »Wieso gibst du mir dann strengere Strafen? Sie bestrafst du nie so hart.« Das stimmt vielleicht sogar; das Ausmaß der Strafe steigt mit der Anzahl der Wiederholungen. Da die brave Lena weniger Ärger macht, sind die Strafen nicht so streng. Wenn Sie darüber nachdenken, scheint also zunächst das Kind Recht zu haben. Sie geben nach – und sind in die Falle getappt!

Sie brauchen nicht zu argumentieren. Erwähnen Sie einfach, dass es Regeln gibt und dass man sich daran zu halten hat. Tut man es nicht, hat das Konsequenzen. Sie können zum Beispiel sagen: »Ich habe dich sehr lieb; aber Regel ist Regel.« Dies wiederholen Sie am besten bei jedem neuen Manipulationsversuch. Dann hat auch dieser Spuk bald ein Ende. Auch Sätze wie »Du hast mich sowieso nicht lieb« oder »Ich will nicht mehr leben« kommen vor und gehören häufig in diese Kategorie. Die Reaktion Ihrerseits sollte erst einmal die Gleiche sein. Hinterher kann – ohne das Kind! – überlegt werden, ob Anlass zu ernsthafter Sorge besteht, oder ob es sich um einen reinen Manipulationsversuch gehandelt hat.

Die »Aggressionsfalle«:

Das Kind reagiert offen aggressiv. Es schreit, schlägt und beleidigt Sie.
Manche Eltern sind völlig hilflos und geben nach, bevor noch Schlimmeres
passiert. Ist Ihnen mal der Gedanke gekommen, dass ein Fünfjähriger
körperlich leichter zu bändigen ist als ein 15-Jähriger? Sie müssen noch
ziemlich lange mit dem Kind leben; nutzen Sie Ihre elterliche Autorität,
solange Sie noch welche haben! *Das heißt nicht, dass Sie handgreiflich
werden sollen!* Die Reaktionen eines Fünfjährigen sind nur leichter zu
kontrollieren als die eines Jugendlichen. Bei Kindern, die Konsequenz von
klein auf gewöhnt sind, kommt es im jugendlichen Alter glücklicherweise
dann seltener zu körperlichen Ausschreitungen. Es ist ein Unterschied, ob ein
kleines Kind einen Teller kaputt schmeißt, oder ob ein Jugendlicher wegläuft,
sich betrinkt und ein Auto klaut. Geben Sie in Fällen, in denen das Kind
offensichtlich aggressiv wird, nicht nach! Sie haben jetzt bessere
Möglichkeiten zu reagieren. Schicken Sie das Kind in sein Zimmer. Wenn es
nicht gehen will, tragen Sie das Kind vorsichtig. Geht auch dies nicht, zum
Beispiel weil Sie Rückenbeschwerden haben, lassen Sie das Kind, wo es ist.
Bleiben Sie in Sichtweite. Räumen Sie gefährliche Gegenstände aus dem
Weg. Sobald das Kind sich beruhigt hat, teilen Sie ihm die Konsequenzen
seines Verhaltens mit. Dies führt in der Regel zu einem neuen Ausbruch.
Auch diesen warten Sie gelassen ab.

Die »stille Aggressionsfalle«:

Das Kind hat vielleicht gemerkt, dass es mit offener Aggression nicht
weiterkommt. Also ist es »bockig« und straft Sie mit kühler Zurückweisung.
Sie könnten zum Beispiel mit folgendem Satz reagieren: »Es tut mir leid,
dass du dir diese Strafe eingehandelt hast, aber Regel ist Regel. Ich würde
mich trotzdem gerne vertragen. Wenn du das auch willst, kannst du gerne zu

mir kommen.« Achtung: Im Normalfall schließt das Kind einen Manipulations- oder Argumentations-Teil an. Vielleicht sind Sie froh, dass das Kind nicht mehr bockig ist und tappen jetzt in die Falle. Das wäre schlecht, denn dadurch würde sich sein Verhalten für Ihr Kind als erfolgreich verfestigen. Und das wollen wir ja nicht, sonst geht das ganze wieder von vorne los.

Die »Argumentationsfalle«:

Hierbei handelt es sich um einen Sonderfall. Nur mit sachlichen Argumenten sollte so über ein Fehlverhalten geredet werden, dass das Aussetzen der Strafe möglich wird. Nämlich dann, wenn Sie feststellen, dass Sie im Unrecht waren.

Ein Beispiel:

Die Strafe für »Geschirr-Stehenlassen« ist eine Viertelstunde Hausarbeit. Als Sie den Teller Ihres Mittleren auf dem Tisch stehen sehen, rufen Sie ihn hoch und teilen ihm dies mit. Er reagiert sachlich und betont, dass der ältere Bruder zugesagt hatte, den Teller mit wegzuräumen. Der Bruder bestätigt dies.

Nur in einem Fall wie hier, in dem der Sachverhalt eindeutig anders ist als angenommen, ist das Zurücknehmen einer Strafe sinnvoll. In allen anderen Fällen ist es der Anfang vom Ende der Konsequenz. Besonders hochbegabte Kinder treiben Sie in den Wahnsinn, wenn Sie keine durchgehende Linie haben.

Die »Ausspielfalle«:

Das Kind kommt bei einem Elternteil mit seinem Anliegen nicht weiter. Also fragt es das andere Elternteil.

Ein Beispiel:

Die Kleine will schnell nach draußen, weil ihre Freundinnen da spielen. Da sie nicht wie vereinbart aufgeräumt hat, sagen Sie nein. Im Flur trifft das Kind den Vater, der gerade erschöpft von der Arbeit kommt. Also fragt das Kind auch ihn. Der Vater, der gerne ein paar Minuten in Ruhe bei seiner Frau wäre, sagt sofort ja. Das Kind geht nicht ins Zimmer, sondern nach draußen. Später zur Rede gestellt, führt es an, dass der Vater es ja erlaubt hat.

Dieses Verhalten kann sehr einfach von Seiten der Eltern unterbunden werden. Gewöhnen Sie sich an zu fragen: »Hast du Mama/Papa dazu schon gefragt?« Ist das Kind ehrlich, schicken Sie es zum ursprünglichen Auftrag zurück. Das Kind war nicht ehrlich? Also gibt es eine, wiederum vorsorglich ausgemachte, Strafe wegen des Lügens.

Nicht jedes Kind stellt alle Fallen auf, einige Kinder stellen sogar niemals eine Falle auf. Gerade für die weniger leicht zu lenkenden Kinder ist es jedoch ziemlich typisch.

Ziel der Aktionen ist es für die Kinder, Konsequenz zu unterlaufen und sich in dem Moment die schlechten Auswirkungen des eigenen Handelns zu ersparen. Es ist normal, dass Kinder schauen, welches Verhalten erfolgreich ist, und Grenzen austesten. Fazit: Bleiben Sie liebevoll konsequent, sonst festigen Sie die störenden Verhaltensweisen.

Weitere Konsequenz-Killer sind Stress und Zeitdruck. An einem Tag wird eine Strafe gegeben, der nächste Tag aber ist so hektisch, dass die Einhaltung der Strafe vergessen wird. Dagegen hilft ein einfacher Familienplaner. Hier tragen Sie, für jedes Kind in einer eigenen Spalte, alles ein. Dazu gehört das Eisessen am Sonntag, der Putztag für alle und eben auch »Konsequenzen«. Auch für Streitigkeiten unter Geschwistern, welche einem wirklich den letzten Nerv rauben können, sollte es klare Regeln geben. Je konsequenter Sie bleiben, desto weniger Stress haben Sie.

Der Kalender sollte gut zugänglich sein. Legen Sie einen Stift daneben. Eingetragen wird sofort und nur von den Eltern. Das Kind muss sich an die eingetragenen Strafen halten; haben die Eltern das Eintragen vergessen, hat es allerdings Glück gehabt. So sieht das Kind, dass auch Ihr Handeln oder Nicht-Handeln Konsequenzen hat, an die Sie gebunden sind. Sollte der Platz anfangs nicht ausreichen, hängen Sie einfach einen Zettel dazu. Da Sie nur mit einer bis drei störenden Verhaltensweisen anfangen, müsste der Platz aber eigentlich ausreichen. Sobald Sie das Gefühl haben, dass die »bearbeiteten« Verhaltensweisen seltener als einmal die Woche auftreten, können Sie zu den nächsten Punkten gehen. Falls Sie sofort Erfolg haben, wird bereits nach einer Woche der nächste Punkt in Angriff genommen.

Festigen Sie erste Erfolge

Wann immer Sie die Zeit und ausreichend Nerven dazu haben, ist es natürlich schonender, mit positiven Anreizen und Besetzungen zu arbeiten. Wenn also zum Beispiel immer um 18 Uhr nach dem Kinderzimmer-Aufräumen ein Gesellschaftsspiel gespielt wird, ist das Kind wahrscheinlich über weite Strecken ausreichend bereit aufzuräumen. Diesen Luxus können sich aber nicht alle leisten. Einige, besonders alleinerziehende Eltern, müssen viel arbeiten. Andere sind inzwischen seelisch und körperlich so an ihren Grenzen, dass Ihnen dazu einfach die Kraft fehlt. Es gibt aber einige Techniken, die wenig Zeit und Kraft kosten und trotzdem helfen. Mit zunehmender Entlastung werden Sie dann auch wieder mehr Lust haben, mit dem Kind etwas Schönes zu machen.

Die wichtigsten Tipps im Überblick

☆ **Loben Sie das Kind sinnvoll.**

Haben Sie mal durchgezählt, wie oft am Tag Sie etwas Schlechtes und wie oft Sie etwas Gutes zu Ihrem Kind sagen? Es beginnt mit »Steh endlich auf, du kommst zu spät«, geht über »Du hast schon wieder deinen Ranzen in den Weg gestellt« und »Wie lange brauchst du denn noch für die paar Aufgaben?« und endet mit »Geh endlich ins Bett, habe ich gesagt«.

Bei Ihnen ist das nicht so? Herzlichen Glückwunsch; Sie sind eine Ausnahme. Schön wäre: »Guten Morgen Schatz, steh schnell auf; wir wollen doch nicht, dass du zu spät kommst«, »Stellst du bitte den Ranzen weg, sonst fällt noch jemand«, »Das fällt dir aber schwer heute mit den Hausaufgaben – woran liegt das wohl?« und »Ich habe dich sehr lieb, aber jetzt ist Schlafenszeit, geh bitte ins Bett«.

Positive Bestärkungen werden zwar gerade in fest gefahrenen Strukturen am Anfang kaum wahrgenommen. Aber wenn regelmäßig geübt wird, können die positiven Bestärkungen eine wundervolle Bereicherung und ein mächtiges Erziehungsinstrument sein.

Ein Beispiel:
Sie lassen Ihre achtjährige Tochter mit der Zange etwas wieder geradebiegen, also reparieren. Wenn es nicht klappt, betonen Sie, dass Sie es auch schwer finden. Wenn es klappt sagen Sie: »Meine Güte, ich wusste gar nicht, dass du so geschickt im Reparieren bist!«

Wann immer das Kind in der Folge das Wort »reparieren« hört, wird es sich durch die positive Besetzung angesprochen fühlen und seine Hilfe anbieten. Dies wird gefestigt durch bewusstes Ansprechen von Aufgaben, die das Kind bewältigen kann. Aufgaben, die für das Kind noch zu schwer wären, erwähnen Sie einfach nicht, sondern erledigen sie selbst.

Und bleiben Sie bei der Wahrheit. Nur ein ehrliches Lob ist sinnvoll. Heißt im Klartext:

Loben Sie das Kind für seine wirklichen Fähigkeiten.

Jedes Kind hat welche, wenn Sie aufmerksam schauen. Und übertreiben Sie es nicht. Sonst wird der kleine Schatz mit dem überzogenen Selbstbewusstsein in der bösen Welt da draußen in der Luft zerrissen.

Setzen Sie Anreize.

Der Flur muss aufgeräumt werden. Sie möchten aber lieber mit dem Kind auf den Sportplatz? Bieten Sie dem Kind an, gemeinsam aufzuräumen, um dann mehr Zeit zum Herausgehen zu haben. Süßigkeiten sollte man besser nicht zu oft als Anreiz einsetzen.

Starten Sie einen Wettbewerb.

Wer innerhalb von drei Minuten mehr Teile ordentlich weggeräumt hat, darf bestimmen, was zehn Minuten lang vorgelesen wird. Hierzu brauchen Sie natürlich eine Uhr, damit es korrekt zugeht.

Verhängen Sie eine Sperrzeit für Regeländerungen.

Zum Schutz vor Manipulationsversuchen gibt es einen einfachen Trick: Führen Sie eine Sperrzeit für Regeländerungen ein. Pfiffige Kinder kommen gerne mit dem Einwand, dass eine Regel nicht mehr passend sei. Hierzu führen die lieben Kleinen völlig logisch einen bestimmten Schluss herbei, warum das so ist. Es spricht auch nichts dagegen, veraltete Regeln abzuschaffen oder zu ersetzen. Wichtig ist jedoch, dass dies frühestens nach einer Sperre von 24 Stunden geschieht.

Ein Beispiel:
Sie sind in Zeitnot. Das Kind möchte jetzt Schokolade. Es hat aber sein Mittagessen nicht aufgegessen. Die Regel lautet, dass erst der Essensrest warmgemacht und verspeist wird, da die Portionsgröße mittags selbst ausgesucht wurde. Das Kind sagt, dass man die Regel abschaffen muss, weil das ja gar nicht immer geht. Schließlich kann es sich in der Fünfminutenpause in der Lernzeit, die es gerade macht, keine Spaghetti erwärmen, wohl aber ein Stück Schokolade essen. Sie sind im Prinzip einverstanden, weil solche Situationen häufiger vorkommen.

Wenn Sie dem Kind jetzt Schokolade geben, wird es in Zukunft jede Regel torpedieren! Hier kommt der Zaubersatz zum Einsatz: »Gut, die Regel wird geändert, aber erst ab morgen.«
Was ist dadurch gewonnen? Das Kind stellt keinen direkten Bezug zwischen Regeländerung und Schokolade her. Durch die zeitliche Trennung wird die Diskussion über Regeln nicht als erfolgreiches Verhalten gespeichert. So

erreichen Sie, dass nur Regeln abgeschafft bzw. geändert werden, die wirklich nicht mehr passen.

Arbeiten Sie auch an sich.

Sicher sind Ihnen einige Dinge aufgefallen, die auch bei Ihnen nicht immer ganz korrekt laufen. Das Kind bekommt vielleicht konsequent eine halbe Stunde vor dem Essen nichts Süßes; Sie erwischen sich aber regelmäßig an der Schokodose. Hier gibt es zwei Möglichkeiten. Entweder Sie schaffen die Regel für alle ab – oder Sie halten sich auch daran.

Führen Sie gute Rituale ein.

In manchen Familien sind sie selbstverständlich, in anderen völlig unbekannt: Rituale. Ähnlich wie Regeln helfen Rituale einem Kind, sich zu strukturieren. Sie machen das Leben berechenbar und die Abschnitte dazwischen überschaubar. Die Kinder bekommen ein besseres Zeitgefühl und lernen Zuverlässigkeit und Regelmäßigkeit schätzen. Diese Eigenschaften sind besonders in der Schule wichtig. Gute Selbstorganisation ist auch eine der Grundvoraussetzungen für Erfolg im Beruf.

Besonders schöne Rituale sind:

Gemeinsame Mahlzeiten zu festen Zeiten

Eine feste Kinderzeit von ca. einer Viertelstunde jeden Tag, in der Sorgen besprochen werden können

Regelmäßige Schlafens-Zeiten

Abendliches Vorlesen

Abendliches Vorsingen

Kuss auf die Stirn beim morgendlichen Verlassen des Hauses

Ein bestimmter Morgensatz wie »Pass gut auf dich auf!« zum Abschied

Nochmaliges Zudecken der Kinder, bevor Sie selbst zu Bett gehen

Sonntäglicher Spaziergang

Sicher finden Sie eigene Rituale, die noch besser zu Ihrer Situation passen. Zusammenfassend lässt sich sagen, dass all das die ersten Erfolge festigt; die Beziehung zu Ihrem Kind wird besser. Das macht den Blick frei für die guten Seiten Ihres Kindes- und für Ihre eigenen.

Begreifen Sie Erziehung als einen Prozess: Es wird immer wieder Rückschläge geben und man ist nie ganz fertig. Das ist normal. Besonders in der Pubertät kann das ganze Theater wieder von vorne losgehen. Kopf hoch, Sie schaffen das!

Checkliste Erziehung

- ☑ Fallen umgangen
- ☑ Kind gelobt
- ☑ Sperrzeit für Regeländerungen verhängt
- ☑ An sich selbst gearbeitet
- ☑ Gute Rituale eingeführt
- ☑ Wichtige Punkte im Vorfeld geregelt
- ☑ Anreize gesetzt

Anbrüllen oder schlagen ist überflüssig

Alle Ausführungen in diesem Buch dienen einem Ziel: Das Zusammenleben mit Ihrem Kind glücklicher zu machen. Hierbei sind die Grundvoraussetzungen unterschiedlich. Während einige Eltern sich nicht einmal ungeduldig fühlen und ihr Kind nur optimal fördern möchten, schlagen andere ihr Kind regelmäßig. Darüber zu sprechen ist in Deutschland ein Tabu, aber Eltern, die ihre Kinder schlagen, sind kein Einzelfall. Wenn ich auf der Straße Menschen sehe, die ihre Kinder mit Schlägen zum Auto bugsieren, weil die Kinder unpünktlich waren, bricht es mir das Herz. Wenn ich im Supermarkt eine Mutter zu ihrem Kind »Halt die Fresse« sagen höre, bricht es mir auch das Herz. Also nehme ich meinen ganzen Mut und die Krümel meines Herzens zusammen und spreche Sie an: »Wenn Sie Ihr Kind so behandeln – das ist nicht normal! Kinder brauchen Schutz und Liebe. Vielleicht sind Sie so überfordert, dass Sie keinen anderen Weg sehen. Holen Sie sich Hilfe. Gehen Sie in eine kinder- und jugendpsychologische Ambulanz. Normalerweise zahlt das die Krankenkasse. Sie müssen nicht zugeben, dass Sie Ihr Kind schlagen. Wenn Sie sagen, dass Sie mit dem Kind nicht zurechtkommen, wird man Ihnen helfen. Das Jugendamt wird nicht informiert. Es gibt eine therapeutische Schweigepflicht. Wenn Sie sich Mühe geben, wird man das merken und Sie dementsprechend behandeln. Falls Sie selbst geschlagen werden oder Ihr Partner die Kinder schlägt, müssen Sie sich ebenfalls Hilfe holen!«

Sollte Ihnen eher selten im Affekt die Hand ausgerutscht sein, kann dieses Buch Ihnen helfen. Achten Sie besonders darauf, konsequent zu sein, um schon bevor Sie wirklich wütend werden die Krise in den Griff zu bekommen. Trennen Sie sich räumlich von dem Kind, wenn Sie merken, dass es für ein ruhiges Beenden der Krise zu spät ist. Bitten Sie jemanden, kurz auf das Kind oder die Kinder aufzupassen. Dann können Sie sich beruhigen. Besonders gut geht das, wenn Sie sich bewegen. Sie kennen das vielleicht von Streitereien. Jemand knallt mit der Tür, der Andere fängt wütend an abzuwaschen oder ähnliches. Die Verhaltensweise, auf Stress mit Bewegung

zu reagieren, stammt noch aus der Zeit der Höhlenmenschen. Da gab es zwei
Möglichkeiten, auf Gefahr, wie zum Beispiel den Angriff eines
Säbelzahntigers, zu antworten: Kampf und Flucht. Für Beides war die
Ausschüttung von Stresshormonen sinnvoll. Der Körper wurde kurzfristig
stärker und schneller, eventuelle Blutungen waren weniger stark. Die
Stresshormone bauten sich durch die Bewegung beim Kämpfen oder beim
Flüchten wieder ab. Wir sind nun regelmäßig im Stress und bewegen uns
nicht genug. Dadurch bekommen wir die negativen Auswirkungen der
Stresshormone zu spüren: hoher Blutdruck, Herzrasen, Schwindel und
wütenden Entladungen. Da Kinder sehr viel zarter sind als Säbelzahntiger, ist
es dringend erforderlich, sich ein anderes Ventil zu suchen. Es ist unsere
Pflicht als Eltern, unsere Kinder zu schützen!

Zeit für etwas Neues

Durch die Tipps in diesem Buch wird Freiraum geschaffen für etwas Neues.
Ich möchte, dass Sie Ihr Kind nicht als Belastung, sondern vielmehr als
Bereicherung empfinden. Jedes dieser kleinen Wesen kann unser Leben mit
Glück erfüllen; wir müssen ihnen nur den richtigen Weg zeigen. Wenn ich
ein Kind in den Matsch schubse, ist es hinterher schmutzig. Wenn ich ein
Kind verwöhne und inkonsequent bin, ist es hinterher verwöhnt und
quengelig. Damit möchte ich niemandem auf die Füße treten – es ist nicht
Ihre Schuld. Wir sind gesellschaftlich in einer Situation, die Eltern völlig im
Regen stehen lässt. Die alte Großfamilie gibt es nicht mehr. Viele Eltern
fühlen sich gestresst und überfordert.
Auch die Umwelt trägt nicht gerade dazu bei, diese Überforderung zu
mildern. Viele unerfahrene Mütter hören zum Beispiel nach sechs Wochen
auf zu stillen, weil sie denken, die Milch reicht nicht – dabei ist eine Phase
der Milchknappheit normal; nach ca. einer Woche regelt sich das meist von

selbst. Leider wird dieses Wissen kaum vermittelt. Auch viele andere Fehler passieren aus Unwissenheit, so sind zum Beispiel manche frischgebackenen Eltern auch noch stolz darauf, dass der kleine Schatz mit drei Monaten schon alles Mögliche essen kann, weil niemand sie darauf hinweist, dass gerade dadurch Allergien gefördert werden. Der Informationsfluss zum Thema Säuglingsernährung wird weitgehend von der Industrie gesteuert, all die kleinen Heftchen beim Arzt kommen ja nicht von ungefähr. Die Industrieunternehmen steuern Informationen gezielt, um mehr Profit zu machen, was verständlich ist. Es ist daher aber auch besonders wichtig, weitere Informationswege zu nutzen – und das nicht nur in Bezug auf die Ernährung, sondern auch auf das Impfen, die Gabe von Medikamenten usw. Selbst wenn Sie einfach nur das Gefühl haben, mit Ihrem Kind stimmt etwas nicht, dann holen Sie mehrere Meinungen ein: Schauen Sie bei Google, suchen Sie in Büchern oder Foren. Dort findet man Anregungen, ohne dass das Kind gleich in eine Schublade gepresst wird. Wichtig ist auch Ihre Einstellung: Egal welche Diagnosen Ihr Kind von anderen »verpasst« bekommt, versuchen Sie, in Ihrem Kind das Bestmögliche zu sehen, denn nur dann wird es alle seine guten Seiten zeigen. Mit einer möglichst offenen Einstellung schaffen Sie überhaupt erst die Vorraussetzung für Veränderung. Denn so komisch es klingt, selbst wenn Sie plötzlich bravere Kinder hätten, wäre das Stressgefühl noch nicht weg. Wir nehmen nach einer gewissen Gewöhnungsphase nur das wahr, was wir erwarten, sind selten für andere Eindrücke offen. Nehmen wir an, das Kind war 50 Prozent der Zeit unerträglich. Daran sind Sie seit sechs Jahren gewöhnt. Nun ändert sich etwas und das Kind ist nur noch 39 Prozent der Zeit unerträglich. Wenn Sie nicht bewusst Ihre Einstellung ändern, werden Sie die Verbesserung nicht wahrnehmen. Eine Hilfe können hier Zähl-Listen sein. An ihnen wird sehr unparteiisch deutlich, ob sich etwas geändert hat.

Falls andere Menschen Ihr Kind zu sehr in eine Schublade stecken, obwohl es sich über Wochen geändert hat, ist vielleicht ein Umgebungswechsel nötig. Im Kindergarten kann das eine neue Gruppe sein. In der Schule ist man teilweise an Einzugs-Gebiete gebunden, eventuell hilft aber ein Gespräch mit der Lehrkraft, um die aus Gewohnheit verschobene Wahrnehmung wieder gerade zu rücken. Das Führen eines Benimm-Heftes, in dem der Lehrer jeden Tag Verfehlungen seitens des Kindes notiert, ist eine gute Maßnahme. Der Lehrer hat ein Ventil für seinen Unmut, und Sie können am Ende des Halbjahres gegebenenfalls nachweisen, dass sich das Kind zum Beispiel nur dreimal danebenbenommen hat und nicht »dauernd und ununterbrochen«.

Ein Beispiel

aus dem Kindergarten:

Ein Kindergartenkind, das ich behandelte, wurde beschuldigt, an einem bestimmten Tag etwas mutwillig zerstört zu haben. Im klärenden Gespräch stellte sich heraus, dass das entsprechende Kind am fraglichen Tag überhaupt nicht im Kindergarten gewesen war. Es hatte an dem Tag einen Arzttermin!

Die Wirklichkeit sieht für jeden von uns ein kleines bisschen anders aus. Wenn man das weiß, ist vieles auch nicht so schlimm. Wir müssen nur daran denken, unsere Wirklichkeit den neuen Umständen anzupassen, sie mitwachsen zu lassen.

Entspannte Beziehung, glückliches Kind

Die folgenden Punkte sollen noch einmal ganz praktisch helfen, die Beziehung zu Ihrem Kind zu entspannen, indem sie Einzelheiten regeln oder klären.

Taschengeld-Regel-Vorschlag

Taschengeld wird nach diesem Vorschlag regelmäßig ab dem fünften Lebensjahr gezahlt. Bis zum Alter von zwölf Jahren wöchentlich, danach auf Wunsch monatlich, um auf die Auszahlungsgewohnheiten der Arbeitgeber vorzubereiten.

Es sollte vorab geklärt sein, für welche Artikel, wie Waffen oder ähnliches, das Geld nicht ausgegeben werden darf. Wenn Sie sich an die unten angegebenen Summen halten, spricht meines Erachtens nichts dagegen, dass das Geld ansonsten frei ausgegeben wird. Hierbei ist es egal, ob für Yu-Gi-Oh-Karten oder für Süßigkeiten. Diese Entscheidung liegt beim Kind.

Empfehlung:

Alter	Geld in Euro	Dazuverdienen
	Pro Woche	
5	1,00	
6	1,50	
7	1,75	
8	2,00	
9	2,50	
10	3,00	
11	4,00	

	Pro Monat	
12	15.00	
13	17,50	
14	20,00	Ja
15	25,00	Ja
16	30,00	Ja
17	35,00	Ja
18	45,00	Ja

Natürlich sollte diese Tabelle der Inflation angepasst werden; pro Jahr können Sie ca. 5 Prozent hinzurechnen, beginnend mit 2012. Diese Berechnungen beziehen sich darauf, dass das Kind über sein Taschengeld frei verfügen kann. Etwaige Kosten für Kleidung, Benzin oder die Monatskarte müssten noch extra von den Eltern gedeckt werden.

Einige Kinder bekommen in der Realität natürlich deutlich mehr. Die Frage, welche wir uns stellen müssen, ist folgende: Wollen Sie Ihr Kind an einen möglichst hohen Standard gewöhnen, damit es später frustriert und verzweifelt ist? Berufsanfänger werden schlecht bezahlt. Dem kurzfristig guten Gefühl, den Kindern etwas Gutes zu tun, folgt eine langfristige Katastrophe. Kinder, die zu sehr verwöhnt werden, haben den Rest ihres Lebens das Gefühl, schlecht und ungerecht behandelt zu werden. Sie sind selten dankbar und meistens unzufrieden. Verhelfen Sie also Ihrem Kind zu einem zufriedeneren Leben. Zeigen Sie Ihm, wie man spart. Geben Sie nicht mehr als 5 Euro für ein Mitbringsel zu einem Kindergeburtstag aus. Bei über 15-Jährigen können es bis zu 10 Euro sein; dann kann das Kind aber auch schon etwas zuzahlen. Machen Sie zwischen den Festtagen wie Geburtstag und Weihnachten keine großen Geschenke extra. Eine Ausnahme sind

Schulanreize, siehe dazu auch das Kapitel "Schule leicht gemacht". Sie als Eltern prägen, was Ihr Kind vom Leben erwartet. Da aber kaum jemand Ihr Kind so liebt wie Sie, wird das Leben höchstwahrscheinlich deutlich unfreundlicher sein, als Sie es sind.

Ich habe Eltern erlebt, die ihren Kindern »zwischendurch« eine »Playstation Portable« gekauft hatten, weil gerade Geld über war. Wer soll diese Rolle später übernehmen? Welche Freunde soll sich Ihre halbwüchsige Tochter suchen, um dieses Muster fortsetzen zu können? Wollen Sie diese Entwicklung?

Selbstverständlich sollen Sie die Zeit mit Ihren Kindern genießen, vielleicht machen Sie gemeinsame Unternehmungen, gehen Eis essen oder bringen kleine Aufmerksamkeiten mit. Da spricht absolut nichts gegen. Wenn Sie Ihrem Kind darüber hinaus noch etwas mitgeben wollen, bringen Sie ihm Sparen, Kochen, Einkaufen und Zehnfingerschreiben bei. Die Spiele-Konsolen sind später weg, die erlernten Fähigkeiten helfen ihrem Kind das ganze Leben lang.

Ernährung mit dem »1+1 = Fit«-System

Endlich ein einfacher Plan

Vieles von dem, was wir jeden Tag durch die Zeitung, das Fernsehen, die
Illustrierten, beim Arzt und von anderen Menschen erfahren, widerspricht
sich. Das ist total verwirrend. Als Folge davon machen wir weiter alles so
wie immer. Leider ändert sich dann nichts.

Dieser Plan ist anders. Er wird Ihnen in kleinen Schritten die wohl einfachste
Ernährungsrichtlinie der Welt nahebringen. Eine Kleinigkeit gibt es aber zu
beachten: Es handelt sich um eine Korrektur Ihrer Ernährungsweise, nicht um
eine eigenständige Ernährungsweise! Was ist der Unterschied? Wenn Sie
zum Beispiel als Erwachsener die Brigitte-Diät machen, erwarten Sie, dass
alle lebensnotwendigen Stoffe in der Diät enthalten sind.

Das von mir entwickelte System ist als *Ergänzung* zur durchschnittlichen
Ernährung gedacht. Sie kochen und essen weiter wie bisher, fügen aber
einige ausgewählte Dinge hinzu. Wenn Sie dies beachten, wird das »1+1 =
Fit«-System das Wohlbefinden Ihres Kindes steigern und seine Laune
verbessern. Die Nahrungsmittel, die wir hinzufügen, werden mit denen, die
sowieso gegessen werden, abgewechselt. Die hinzugefügten Lebensmittel
heißen Plus-Mittel, weil wir mehr davon brauchen.

Die anderen nennen wir Minus-Mittel, weil diese Lebensmittel durch das
»1+1 = Fit«-System etwas weniger werden. Die Ernährungs-Umstellung
kommt dadurch zustande, dass die beiden Gruppen regelmäßig abgewechselt
werden. Immer wenn das Kind ein Plus-Mittel gegessen hat, darf es wieder
ein Minus-Mittel essen. Es geht nicht darum, einzelne Lebensmittel als gut

oder schlecht zu werten, sondern darum, mehr Ausgewogenheit in die Ernährung zu bringen. Falls Sie sich jetzt vor langen Listen fürchten, kann ich Sie beruhigen: Mit Hilfe einer einzigen Eselsbrücke können Sie bei 95 Prozent der Lebensmittel innerhalb von Sekunden entscheiden, welche Lebensmittel Plus- und welche Minus-Mittel sind. Und das Beste ist: Ihr Kind kann das auch!

Die wirklich einfache Regel lautet:

Machen Sie die Lebensmittel in Gedanken nass und warten Sie, was passiert!

»Lebensmittel« wie Cornflakes, Lutscher, Käse, Salami, Spaghetti, Fruit-Loops und Mini-Zimtis werden innerhalb von kurzer Zeit wirklich unansehnlich, wenn man sie im Wasser liegen lässt. Das sind auch genau die Lebensmittel, die Kalorien, Fett und viel Zucker enthalten. Plus-Mittel sind dagegen alle, die nicht matschig werden. Lassen Sie mal eine Möhre vier Stunden im Wasser. Richtig! Die Möhre sieht hinterher genau so aus wie vorher. Stellen Sie sich nun Äpfel, Bananen, Birnen, Tomaten, Nüsse, Salat, Gurken, Weintrauben und ähnliches vor. Genau das Gleiche! Sogar gebratenes Fleisch und gekochte Kartoffeln behalten erstaunlich lange ihr gutes Aussehen.

Auch die Getränke werden in Plus- und Minus-Mittel eingeteilt: Wasser aus der Leitung bzw. Mineralwasser gehört zu den Plus-Mitteln. Alle anderen Getränke sollten als Minus-Mittel gesehen werden. Bedenken Sie: Es geht nicht darum zu werten, sondern auszugleichen. Auch wenn »viel trinken«

gesund ist, gilt das noch lange nicht für Kaffee, Tee, Saft, Limonade oder Cola. Auch für Milch gilt eine Einschränkung. Ernährungswissenschaftler sind sich einig, dass man Milch nicht zu den Getränken zählen kann; aufgrund des hohen Energiegehaltes sollte man ein Glas Milch eher als Mahlzeit sehen. Aber selbst wenn man den Kaloriengehalt außer Acht lässt, ist Kuhmilch nicht unproblematisch. Viele Menschen weltweit trinken normalerweise keine Milch, weil ihnen davon übel wird. Der erwachsene Körper ist nicht auf das Spalten von Lactose, dem sogenannten Milchzucker, eingestellt. Das ist der Grund für die hohen Verkaufszahlen bei den Apothekenprodukten, die Milch leichter verdaulich machen sollen. Außerdem gilt das Kuhmilcheiweiß bei Kindern als sehr häufiger Allergieauslöser[5]. Hier ist erwähnenswert, dass Kuhmilcheiweiß besonders häufig mit Störungen wie Autismus und ADHS in Verbindung gebracht wird. Ende 2008 sollen die Ergebnissen einer vom amerikanischen National Institute of Mental Health durchgeführten Studie zu diesem Thema vorliegen. Für Menschen, die nicht auf Milch verzichten können oder wollen, bieten sich Schafs- und Ziegenmilchprodukte an. Diese lösen zumindest seltener Allergien aus.

> **Tipp:** Trinken Sie mehr Wasser! Jedes Tier in der Natur trinkt Wasser. Unsere Baupläne sind trotz der Weiterentwicklung unseres Gehirns noch die Gleichen. Wasser trinken ist gesund!

Sicher wissen Sie schon längst, dass auch Obst und Gemüse gesund sind. Vielleicht haben Sie bis jetzt bloß nichts an Ihren Ernährungsgewohnheiten geändert, weil Sie kein System hatten. Nehmen Sie einen Zettel und einen Stift. Legen Sie beides in der Küche auf die Fensterbank. Lassen Sie das Kind vier Wochen lang jedes Mal, wenn es etwas isst, ein Symbol aufmalen, ein + (Plus) für Plus-Lebensmittel und ein – (Minus) für Minus-Lebensmittel. Selbst wenn das Kind nur in der Hälfte der Fälle daran denkt, rückt das Abwechseln doch mehr in sein Bewusstsein. So kann es zur guten Angewohnheit werden.

Mein Kind ernährt sich doch gesund ...

Vermutlich ernähren Sie Ihr Kind durchschnittlich. Es isst morgens Cornflakes mit Milch für das Calcium und in der Schule eine Milchschnitte, dazu gibt es vielleicht einen Iso-Drink. Mittags schnell ein Schnitzel mit Maggi-Fix, wenn viel Zeit ist auch mal Goulasch ohne Fertigsoße, nur mit Soßenbinder, und dazu Erbsen und Möhren. Oft aber auch Spaghetti, die isst das Kind halt besonders gern. Nachmittags ein Joghurt und ein paar Kekse. Abends ganz normal Brot mit Wurst und Käse, dazu Gurke. Zwischendurch Weingummis mit Vitaminen. Zuerst die schlechte Nachricht: So gesund ist das leider nicht. Jetzt die gute Nachricht: Es ist leicht, etwas zu ändern. Jeder Mensch in den Industrie-Staaten nimmt pro Jahr ca. 4,5 kg an Zusatzstoffen zu sich. In den letzten 50 Jahren wurden über 3500 neue Zusatzstoffe zu unseren Lebensmitteln hinzugefügt. Hinzu kamen über 3000 Stoffe in unserer unmittelbaren Umgebung, der Wohnung und der Kleidung. Über tausend der neuen Nahrungsmittelzusatzstoffe sind *erwiesenermaßen* Anti-Nährstoffe. Das bedeutet, dass selbst ein optimal versorgtes Kind Mangelerscheinungen bekommt, wenn es diese Zusatzstoffe aufnimmt. Allein das Tartrazin, ein Farbstoff mit der E-Nummer 102, hat fatale Auswirkungen. Es bindet ganz viel Zink, welches dem Körper nun für das Wachstum und für die Abwehr fehlt[6]. Leider lässt sich das Problem auch nicht wirklich mit Multivitamin-Tabletten lösen, denn raten Sie mal, was die so schön orange färbt ...

Es stellte sich heraus, dass vier von zehn Kindern zusätzlich zu der Anti-Nährstoff-Wirkung des Farbstoffes innerhalb von kurzer Zeit schlimme Symptome durch Tartrazin entwickelten, zum Beispiel Asthma-Anfälle und Hautausschlag.

Der Zinkmangel kann auch zu einem Kupferüberschuss im Blut führen, welcher starke Ängstlichkeit zur Folge haben kann. Und das ist nur ein Beispiel. Jeder Mensch kann auf jeden der 3500 Zusatzstoffe anders reagieren. Eine Kombination, wie sie in unserem Essen vorkommt, ist in diesem Ausmaß noch nicht an lebenden Wesen getestet worden. Das macht Angst. Kranke Kinder, Allergiker, aufmerksamkeitsgestörte Kinder, aggressive Kinder … noch ist kein Ende abzusehen. Es ist an der Zeit, unsere Ernährungsgewohnheiten zu überdenken. Mit dem »1+1 = Fit«-System bekommt Ihr Kind zumindest mehr Abwechslung, so können Sie die Belastung verringern.

> **Tipp:** Greifen Sie, zumindest bei Obst und Gemüse, sooft es geht auf Bio-Produkte zurück. Diese sind zwar auch nicht »skandalfrei«, aber im Durchschnitt deutlich weniger mit Pestiziden vergiftet.

Was Sie gewinnen

Viele Krankheiten, die bei uns in den Industriestaaten auftreten, werden mit der Ernährung in Verbindung gebracht. Die häufige Zufuhr von zuviel Zucker überfordert die Bauchspeicheldrüse. Dies führt schon bei kleinen Kindern zu Diabetes Typ 2, einer Erkrankung, die man früher nur von alten Leuten kannte. Als Langzeitfolge kann zum Beispiel ein Herzinfarkt auftreten. Auch zu hoher Blutdruck, Leistungsabfall, Schlaganfälle und Gicht werden in immer jüngeren Jahren festgestellt.

Obwohl diese Tatsachen bekannt sind, schaffen es die meisten Menschen nicht, ihre Ernährung umzustellen. Zum Teil liegt das sicher an den verwirrend gegensätzlichen Aussagen um uns herum. Sie fragen fünf Personen und bekommen fünf verschiedene Antworten.

Es ist bei genauer Betrachtung auch völlig logisch, dass verschiedene Menschen unterschiedliche Aussagen machen: Jeder Mensch ist von seiner Grundeinstellung überzeugt, deshalb nehmen wir hauptsächlich wahr, was in dieses Bild passt. Sehen wir uns mal die Beweggründe der Menschen und Einrichtungen an, von denen Sie umgeben sind:

Vermittler	Ziel	Weg
Werbung, Einkaufszentren	Verkauf, Umsatz-Steigerung	Lock-Angebote, Farben, Werbetexte
Arzt	Guter Ruf, Behandlungs-Erfolg ohne Aufwand für den Patienten	Einsatz schnell wirkender schulmedizinischer Mittel
Großeltern	Bestätigung der eigenen Ansichten; (teilweise echter Hilfs-Wunsch)	Ausnutzen früherer Macht, Ausnutzen von Abhängigkeiten (Babysitten etc.)
Andere Eltern	Das eigene Kind soll gut dastehen; (teilweise echter Hilfs-Wunsch)	Ratschläge erteilen

Schule, Kindergarten	Wenig Störungen für reibungslosen Unterricht; (teilweise echter Hilfs-Wunsch)	Beratung in diese Richtung
Kinderlose Bekannte	Wiederherstellen des »Vor-Kinder-Zustandes«; (teilweise echter Hilfs-Wunsch)	Beratung in diese Richtung

Ein Beispiel:

Ihr Kind reagiert eventuell empfindlich auf Milch. Die Ohrenschmerzen, die Neurodermitis und das teilweise schlechte Verhalten würden sich vielleicht darauf zurückführen lassen. Sie sind unsicher und fragen um Rat.

Reaktion:

Vermittler	Rat
Werbung, Einkaufszentren	Milch ist gesund, alle sollen immer Milch trinken, Allergien gibt es nicht, ohne Milch wird man krank.
Arzt	Macht IgE-Antikörper-Haut- oder Blut-Test und sagt:

	Keine Allergie. Obwohl Unverträglichkeiten einen anderen Mechanismus haben als Allergien. (Geben sich teilweise große Mühe.)
Großeltern	Sagen: »Gib dem Kind ruhig Milch, das hat euch früher auch nicht geschadet.« Hätte es Ihnen doch geschadet, müssten die Großeltern ihre Erziehung hinterfragen. (Teilweise echter Hilfs-Wunsch)
Andere Eltern	Haben vielleicht ähnliche Probleme, aber keine Lust, sich die Mühe zu machen und sagen: »Klingt ja merkwürdig«; ehrlich bemühte Eltern sagen eventuell: »Probier es aus, wer hilft hat recht.«
Schule, Kindergarten	Sind nicht gerade erfreut, wenn aufwendige Diätbemühungen unterstützt werden sollen; sabotieren spätestens bei geplanten Feiern oder Klassenfahrten.

	(Teilweise echter Hilfs-Wunsch)
Kinderlose Bekannte	Finden vielleicht, dass man ohnehin zu viel Aufhebens um das »Goldkind« macht. (Teilweise echter Hilfs-Wunsch)

Niemand hat ein so großes Interesse daran, dass es Ihrem Kind gut geht, wie Sie selbst. Sie können Ihrem Kind helfen. Dieses Buch soll Sie dabei unterstützen.

Sie gewinnen mit seiner Hilfe mehr Selbstbestimmung, mehr Gesundheit und mehr Sicherheit. Das »1 + 1 = Fit«-System ist ideal, weil es gegen keine gängige Lehrmeinung verstößt, aber trotzdem hilft. Jede der genannten Gruppen wird es einsehen, wenn das Kind mehr Obst, Nüsse und Gemüse essen soll. Über die schädlichen Auswirkungen von einseitiger, kalorienreicher, fett- und zuckerhaltiger Nahrung mit Unmengen an Zusatzstoffen müssen Sie ja nicht reden. Sparen Sie sich die Diskussionen. Sollte allerdings eine schwerer wiegende Unverträglichkeit oder echte Allergie vorliegen, hat diese absoluten Vorrang.

Beispiel 1

Irgendwie verträgt das Kind Milch nicht so gut, isst aber von morgens bis abends Dinge mit Milch. Durch »1 + 1 = Fit« wird mehr abgewechselt, also wird weniger Milch aufgenommen. Dem Kind geht es besser.

Beispiel 2

Das Kind reagiert auf Kuh-Milch mit Bauchweh, Übelkeit und Migräne. Dieser Teilaspekt bessert sich durch das »1+1 = Fit«-System nicht, denn in so einem Fall reicht Abwechseln nicht aus. Es ist erforderlich, Kuh-Milch komplett vom Speiseplan zu streichen, egal was Ihre Umgebung sagt. Sie wissen ja: Keiner ist so interessiert daran, dass es Ihrem Kind gut geht, wie Sie selbst es sind.

Tipp: Hören Sie sich Ratschläge auch weiterhin an, aber nur von Menschen, die da sind, wo Sie hin wollen.

Wenn Ihnen der dicke Doktor sagt, wie man abnimmt, wenn eine Lehrkraft mit Disziplin-Problemen in der Klasse sagt, wie man erzieht, dann sollte Sie das misstrauisch machen. Und auch wenn Ihre Eltern erzählen, was zu tun ist, haben Sie die Freiheit, den Rat anzunehmen – oder auch nicht. Das ist davon abhängig, wie Ihre Kindheit war, und wie Sie sich dabei gefühlt haben. Wenn die kinderlose Krankenschwester Sie als hysterisch bezeichnet, sollten Sie darüber stehen, denn was Eltern durchmachen, die in Sorge um ein Kind sind, können nur Eltern verstehen.

Überlegen Sie, woher der Ratschlag kommt und was derjenige noch damit bezwecken könnte, außer Ihnen helfen zu wollen. Überlegen Sie sachlich, ob der Ratgeber im Recht sein könnte. Dann entscheiden Sie, ob Sie den Rat annehmen.

Nicht Diät, sondern Lebensplan

Diäten sind sinnlos. Fragen Sie Menschen, die dauerhaft abgenommen haben (vier Jahre oder mehr), wie sie das schaffen konnten – es wird kaum einer sagen »durch eine Diät«.

Selbst ein sehr großes Erfolgsprogramm in diesem Bereich »punktet« nicht mit Schnellschüssen, sondern mit dauerhafter Ernährungsumstellung.

> **Tipp: Machen Sie keine Diät. Diäten sind gefährlich. Die meisten Menschen kennen den Jojo-Effekt. Eine Diät hat aber noch schlimmere Folgen. Sie kann Ess-Störungen und Fettsucht auslösen.**

Kinder prägen besonders in den ersten Jahren bestimmte Vorlieben aus. Die Vorliebe für Süßigkeiten ist nachweislich angeboren. Die anderen Vorlieben werden übernommen. Viele Menschen kochen als Erwachsene so ähnlich, wie ihre Eltern es getan haben. Das bedeutet, dass *Sie* jetzt entscheiden, was Ihr Kind sein Leben lang isst. Gewöhnen Sie es an Obst und Gemüse, wird es das essen. Gewöhnen Sie es an Fastfood, isst es eben Fastfood. Wir Menschen müssen versuchen, unser natürliches Gefühl für gesunde Lebensmittel zurückgewinnen.

Hand aufs Herz: Essen Sie gesund? Falls nicht, versuchen Sie trotzdem, Ihr Kind so zu prägen, dass es gesund isst. Damit ermöglichen Sie Generationen von gesunden Nachfahren.

So bleibt Essen stressfrei

Haben Sie mal für eine »Diät« eingekauft? Anderthalb Scheiben mageren Lachsschinken, zwei Brokkoliröschen und drei Spargelstangen … Wer kauft solche Mengen?

Sicher ist das abwechslungsreicher, als zwei Wochen nur Kohl zu essen, aber so viel Zeit habe ich nicht. Ich brauche Lebensmittel schnell, unkompliziert, günstig, gut und gesund. Wenn es Ihnen nicht anders geht, dann nehmen Sie einen Zettel und fragen Sie Ihr Kind, welche Sorte Gemüse es gerne isst. Fragen Sie zum Beispiel, ob es Möhre, Kohlrabi oder Gurke will. Bieten Sie auch Obst wie Äpfel, Melonen, Trauben, Bananen oder Avocado an.

Schreiben Sie drei bis vier Dinge davon auf, zum Beispiel:

Apfel, Melone, Traube und Möhren oder Banane, Gurke, Kohlrabi und Avocado.

Diese Dinge bringen Sie vom nächsten Einkauf zusätzlich zum normalen Einkauf mit. Und fertig! Jetzt noch schnell dem Kind erklärt, dass es eine Liste gibt und wie man damit umgeht. Die meisten Kinder sind so neugierig, dass sie das Führen dieser Liste probieren wollen. Loben Sie das Kind, wenn Sie es beim Eintragen sehen. Falls es das Eintragen einmal vergisst, erinnern Sie es liebevoll. Schließlich soll das System Spaß machen. Falls das Kind nicht will, bestechen Sie es. Belohnen Sie es, wenn es zehn Mal Plus und Minus notiert hat. Zum Beispiel mit einer Partie Mensch-ärgere-dich-nicht. Denken Sie daran: Jedes Stück Gurke, jeder Schluck Wasser bringt Sie Ihrem Ziel ein wenig näher. Jedes Stück ist schon ein Teil des Ziels, das Sie sich gesetzt haben.

Das kann ich sogar alleine

Das absolut Faszinierende an diesem System ist, dass die Kinder es nach kurzer Zeit selbst können. Ich habe noch kein Kind erlebt, das nicht wusste, dass Cornflakes matschig werden, wenn man sie zu lange einweicht. Darauf kann man doch aufbauen. Ihr Kind kennt alle Pokémon auswendig? Es kennt alle Yu-Gi-Oh-Karten mit Namen? Spitze! Es wird sich irgendwann auch Regeln merken wie »Erst was Richtiges essen, dann gibt es was Süßes«, meinen Sie nicht? Ein Kind, das so geschickt mit seinem Game-Boy oder seiner PSP spielt, ist irgendwann vom Körperlichen her in der Lage, eine Gurke zu schneiden – da bin ich ganz sicher. Nebenbei tun Sie dem Kind etwas Gutes: Sie stärken sein Selbstbewusstsein. Jede vom Kind erfolgreich alleine durchgeführte Handlung macht es lebenstüchtiger. Unsere gesamte Arbeitswelt ist auf Konkurrenz ausgelegt, ob das gut ist oder nicht, darüber kann man streiten. Aussuchen kann sich Ihr Kind seine Welt aber nicht. Es muss bestehen – oder versagen.

Keine Chance den Ess-Störungen

Ess-Störungen nehmen immer mehr zu. Knapp zwei Drittel aller weiblichen Jugendlichen haben bis zum 18. Lebensjahr mindestens ein Mal eine Diät zur Gewichtsreduktion gemacht. Über 100.000 Menschen in Deutschland sind magersüchtig. Längst sind nicht mehr nur Mädchen betroffen, fünf bis zehn Prozent der Erkrankten sind Männer, Tendenz steigend. Viele Magersüchtige oder Fress-Brechsüchtige schädigen massiv ihre Gesundheit, einige von ihnen sterben sogar. Wie kann man seinen Kindern dieses Los ersparen? Woran merkt man, ob sich ein Kind in diese Richtung entwickelt? Und ist zu dünn nicht besser als zu dick? Die Werbung zeigt uns ganz klar, wie man auszusehen hat: dünn. Werbespots zum Thema fettreduziertes Essen gehören zum guten Ton, beliebte Talkmaster scheuen sich nicht, von ihren Gattinnen »an der Ernährung drehen zu lassen«. Dabei sind die Vorteile einer fett- und cholesterinarmen Ernährung nicht einmal sicher. Sowohl die Fette als auch das Cholesterin gehören zu der Gruppe der Lipide. In der größten bisher durchgeführten Ernährungs-Studie (aus dem Jahr 2006) zeigten sich keinerlei Vorteile einer lipidarmen Ernährung. Weder das Risiko von Herz-Kreislauferkrankungen, noch das Risiko von Schlaganfällen, nicht einmal das Risiko von verschiedenen Krebserkrankungen konnte durch die

Ernährungsumstellung gesenkt werden. Es wurden 50.000 Frauen zwischen 50 und 79 Jahren untersucht, die über einen Zeitraum von ca. acht Jahren beobachtet wurden. Das in der Studie unter Anderem beobachtete Cholesterin wird nicht nur mit der Nahrung zugeführt, es wird auch vom Körper selbst hergestellt, weil es für viele Vorgänge im Körper erforderlich ist, wie für die Herstellung von Steroidhormonen oder auch von Gallensäuren. Das Gehirn besteht zu einem Viertel aus Cholesterin! Auch Fette wie die Omega 3 und Omega 6 Fettsäuren sind für den menschlichen Stoffwechsel unerlässlich.

Fett und Cholesterin sind also nicht von vorneherein schädlich. Eine gute Versorgungslage mit den richtigen Lipiden hilft dem Körper sogar, sich gesund zu erhalten. Normalgewichtige und leicht übergewichtige Menschen sind im Durchschnitt am gesündesten. Leicht oder stark untergewichtige und stark übergewichtige Menschen sind häufiger krank. Der ganze Rummel um fettarmes Essen und die angeblichen Vorteile desselben hat nur einen nachweislichen Effekt: Er treibt die Menschen zu Diäten. Die Diätindustrie nimmt sie dann aus wie eine Weihnachtsgans. Diäten sind zudem häufig der Einstieg in eine Ess-Störung. Falls Sie also selbst gerne einmal eine Diät machen, beziehen Sie Ihre Kinder nicht mit ein. Noch besser wäre es, Sie würden auch keine Diät machen. Ein bisschen Bewegung, vielleicht das »1 + 1 = Fit« mitmachen und fertig. Denn mal ehrlich – wenn all die Diäten geholfen hätten, müssten Sie doch jetzt so dünn sein, dass Sie keine weiteren mehr brauchen. Und wenn Diäten nicht helfen, gibt es auch keinen Grund, sie durchzuführen, oder?

Die folgenden Tipps wenden sich an Eltern, deren Kinder noch nicht das Vollbild einer Ess-Störung entwickelt haben. Wenn Sie befürchten oder sogar nahezu sicher sind, dass Ihr Kind magersüchtig ist oder Bulimie hat (Fress-Brechsucht), dann müssen Sie zu einem Arzt. Die aus der

Unterversorgung mit Nährstoffen entstehenden Verschiebungen im Körpergleichgewicht können schlimme Schäden und sogar einen Herzstillstand verursachen. Je geringer die Ausprägung der Störung ist, umso eher kann man noch selbst versuchen, die Weichen anders zu stellen. Im Klartext: Wenn das Kind zum ersten Mal absichtlich erbricht, kann man darüber reden, wenn es das seit vier Wochen tut, gehört es zum Arzt. Grundsätzlich können Ess-Störungen aus psychischen Gründen und aus körperlichen Gründen entstehen. Der zweite Grund ist weit weniger bekannt; meist denken Umfeld und Betroffene, dass die Störung nur psychisch ist. Es wurde aber an der Universität von Kentucky in einer Studie festgestellt, dass 10 von 13 Patienten mit Magersucht und 8 von 14 Menschen mit Fress-Sucht unter Zinkmangel litten. Als die Patienten wieder aßen, verschlimmerte sich der Zinkmangel! Da Zink für die Verdauung und Verarbeitung von Eiweißen benötigt wird, ist der Spiegel gesunken, statt durch das aufgenommene Zink zu steigen.

Weitere Studien zeigten, dass Tiere unter Zinkentzug magersüchtiges Verhalten entwickelten. Außerdem schädigt Zinkmangel die Darmwand; es können weniger Nährstoffe aufgenommen werden. Man ist heute sicher, dass Zinkmangel die Magersucht verstärkt, wenn nicht teilweise sogar hervorruft. Die psychischen Gründe sind allgemein etwas bekannter. Durch das Hungern entsteht nach einer Weile eine Art Hochgefühl, ähnlich wie beim Leistungssport, da der Körper so etwas ähnliches wie Morphium herstellt. Darum sind auch Diäten für Kinder absolut nicht geeignet; denn in seiner Findungsphase ist ein Kind besonders anfällig für Sucht-Strukturen. Das Hungern während der Diät kann ein Kind auf den Gedanken bringen, zwei nützliche Sachen zu verbinden. Es wird »schön« dünn, was gesellschaftlich akzeptiert ist, und bekommt einen billigen Höhenflug ohne des »Drogenmissbrauchs« bezichtigt werden zu können. Besonders Mädchen sind anfällig für allgemein gebilligte Formen der Selbstzerstörung, da ihnen die Meinung anderer Menschen naturgemäß etwas wichtiger ist als den Jungs. Auch bei Problemen mit der weiblichen Rolle scheint das Hungern ein guter Ausweg; schließlich verschwinden die weiblichen Rundungen wieder und die Regel bleibt irgendwann aus.

Was bedeutet das jetzt praktisch?

Suchen Sie nach Zeichen für einen Zinkmangel, wie zum Beispiel schlechtes Bindegewebe/Schwangerschaftsstreifen oder weißliche Flecken auf den Nägeln (diese können allerdings auch von einem Kalzium-Mangel herrühren). Auch wenn Sie keine Anzeichen finden, lohnt sich bei gestörtem Essverhalten ein Versuch mit Zink. Lassen Sie sich vom Arzt oder in der Apotheke beraten; Zink ist frei verkäuflich. Die empfohlene Tagesdosis liegt bei 15 mg, es gibt aber Menschen, die das Doppelte brauchen. Bei einer Zinksubstitution, d.h. bei dem Zuführen von Zink zusätzlich zur Nahrung, ist eine Überdosierung unwahrscheinlich. Trotzdem ist es natürlich nicht sinnvoll, deutlich mehr an Zink zuzuführen als der Körper braucht. Mit 30 bis 50 mg pro Tag habe ich zur Behandlung von leichten Mangelzuständen gute Erfahrungen gemacht.

Vermeiden Sie Diäten. Diese dienen oft als Einstieg in eine Ess-Störung. Ernähren Sie sich lieber gesund, indem Sie Plus-Mittel hinzufügen.

Sprechen Sie mit Ihrem Kind über die Rolle als Frau/Mann und malen Sie ein positives Bild. Zeigen Sie auf, wie viel selbstbestimmter man als Erwachsener sein darf. Fügen Sie hinzu, dass Sie das Kind lieb haben und es immer lieb haben werden. Teilweise haben die Kleinen Angst vor der Verantwortung; wer nicht erwachsen wird, muss auch keine Verantwortung übernehmen. Geben Sie dem Kind die Sicherheit, dass es immer zu Ihnen kommen kann, egal was passiert. Natürlich ist es ein schwieriger Balanceakt, dem Kind gleichzeitig Liebe, Schutz, Geborgenheit, Selbstbestimmtheit und

Freiheit zu vermitteln – und das, obwohl es einen häufig ärgert. So ist das aber nun mal mit der Pubertät, da mussten Ihre Eltern auch durch …

Bleiben Sie aufmerksam, im täglichen Kontakt mit dem Kind können Sie viel herausfinden. Hat das Kind die Waage an einen besseren Platz gestellt? Braucht es schon seit einem Jahr keine neuen Hosen mehr? Isst es wenig? Erfindet es dafür Entschuldigungen? Riecht es im Bad nach Erbrochenem? Gibt es Menschen in Ihrer Umgebung, die das Kind für sein Dünnsein loben? Steht es viel vor dem Spiegel, ohne sich dabei dauernd umzuziehen? Vertilgt es Riesen-Portionen ohne dabei altersgemäß zuzunehmen? Es gibt viele Hinweise, die einem im Nachhinein sagen: Es war offensichtlich. Schauen Sie schon im Voraus, so behalten Sie die Kontrolle und können frühzeitig reagieren.

Checkliste Ernährung

☑ **Wasser getrunken**

☑ **Kalorientabellen weggeräumt**

☑ **Zusatzstoffe reduziert**

☑ **Allergien beachtet/herausgefunden**

☑ **»1 + 1 = Fit« angewandt**

☑ **Tag mit Plus-Mittel begonnen**

☑ **Eiweiß-Stärke-Kombi für die Schule mitgegeben**

☑ **Essen entstresst**

☑ **Auf Anzeichen für Ess-Störungen geachtet**

☑ **Kind zur selbständigen Zubereitung angeleitet**

☑ **Diätverhalten überdacht**

☑ **Auf Anzeichen für Mangelzustände geachtet**

Die wichtigsten Tipps auf einen Blick

Gewöhnen Sie Ihr Kind an das Trinken von Wasser.

Unsere Umwelt ändert sich zu schnell, da kommt die Evolution nicht mit. So wie ein Kassettenrekorder keine DVD abspielt, ist der menschliche Körper nicht kompatibel zu Cola und Co. Zählen Sie jedes Glas Wasser als Plus-Mittel. Falls das Kind Wasser absolut nicht mag, müssen wir tricksen. Kaufen Sie Getränke mit Schraubverschluss. Giessen Sie in der ersten Woche zehn Prozent des Inhaltes einer Packung in ein anderes Gefäß und ersetzen Sie diesen Anteil durch Wasser. Sie brauchen dem Kind das nicht zu sagen, es sei denn, es fragt danach. In der nächsten Woche füllen Sie 20 Prozent ab, danach 30 Prozent und so weiter, bis Sie bei mindestens 70 Prozent Wasser und 30 Prozent Originalgetränk sind. Besser wären 100 Prozent Wasser, aber jedes Kind ist anders, und besser fast perfekt als gar nicht.

Zählen Sie keine Kalorien.

Diäten sind schädlich, Kalorienzählen ist es auch. Außerdem ist es langweilig und doof. Wenn Sie das »1 + 1 = Fit«-System befolgen, müssen Sie auch gar nicht zählen, das Kind nimmt automatisch die richtige Menge an Kalorien auf.

Vermeiden Sie Zusatzstoffe.

Kaufen Sie so wenig wie möglich Dinge, die Farbstoffe, Süßstoffe, Geschmacksverstärker, Konservierungsstoffe und Aromastoffe enthalten. Kaufen Sie kein ekliges Obst, das den sogenannten »Apothekenton« hat, einen muffigen oder chemischen Geruch. Schnuppern Sie am Obst und kaufen Sie nur, was Ihnen ihre Nase empfiehlt, denn sie ist ein Experte.

Allergien haben Vorrang.

Wenn Allergien oder Unverträglichkeiten bestehen, haben diese Vorrang vor dem Programm. Es ist völlig egal, wie lange eine Birne im Wasser gut aussieht – wenn das Kind dagegen allergisch ist, wird die Birne nicht gegessen. Auch bei den Unverträglichkeiten ist das wichtig, denn diese haben oft schlimme Langzeitfolgen wie zum Beispiel chronisch-entzündliche Darmerkrankungen.

Auf jedes Matschige folgt ein Knackiges.

Plus- und Minus-Lebensmittel müssen abgewechselt werden, die Portionen sollten ungefähr gleich groß sein. Wasser zählt als Plus- Mittel. Wenn mal kein Obst oder Gemüse im Haus ist, und auch keine Nüsse oder ähnliches zu finden sind, dann wird eben zwischen den Mahlzeiten ein Glas Wasser getrunken.

Beginnen Sie morgens mit einem Plus-Mittel.

Der Körper ist morgens auf Ausscheidung programmiert. Helfen Sie mit, indem Sie mit frischem Obst, knackig-buntem Gemüse oder einem klaren Glas Wasser in den Tag starten und nicht mit klebrigen Schoko-Poppis.

Falls das Kind dann noch Hunger hat, kann es ja im Anschluss seine Minus-Portion zu sich nehmen.

Eiweiß-Stärke-Kombi für die Schule.

Um ein Absacken des Blutzuckerspiegels zu verhindern, kommt es auf die richtige Kombination an. Bei sehr zucker- oder stärkehaltigem Schulfrühstück steigt der Blutzucker rasant an, um dann umso tiefer abzustürzen. In der Folge sind die Kinder ab der vierten Schulstunde kaum noch aufnahmefähig, sie zappeln, sind aggressiv und unkonzentriert. Wenn Sie Eiweißhaltiges mit Stärke kombinieren, steigt der Spiegel langsamer, fällt langsamer, und die Unterzuckerung bleibt größtenteils aus. Also: Keine überzuckerte Milchschnitte, sondern herzhaftes Brot mit Wurst oder Käse und dazu grüne Gurke! Eventuell kann man zusätzlich in der Pause nach der vierten Schulstunde eine Süßigkeit erlauben, um die Zeit bis zum Mittagessen stressfrei zu halten.

Lassen Sie Essen nicht zum Beziehungsfaktor werden.

Wenn man Essen als Belohnung einsetzt, werden die Kinder es als Beziehungsfaktor wahrnehmen. Dann kann es gut sein, dass Ihre pubertierende Tochter nichts isst, um Sie zu »bestrafen«, wenn sie ihren Willen nicht bekommt. Oder dass sich Ihr Kind Zeit seines Lebens selbst mit Schokolade belohnt. Leider ist es aber kein gutes Gefühl, stark übergewichtig zu sein.

Notorische Naschkatzen gesund ernähren

Da hilft eine einzige Regel: Wenn nichts Vernünftiges gegessen wurde, gibt es auch nichts Süßes. So hat sich das schnell erledigt.

Beachten Sie Warnzeichen

Manche Kinder lassen sich auch vom Süßigkeitenentzug nicht beeindrucken; sie haben Phasen, in denen sie wenig essen. Wenn es allerdings über einen Zeitraum von mehreren Wochen vorkommt, dass das Kind gar nichts isst oder sichtlich zu dünn wird, sollte ein Arzt aufgesucht werden. Grundsätzlich kann Appetitlosigkeit auch ein Anzeichen für eine Krankheit wie Zöliakie oder Magersucht sein. Das Auslassen einzelner Mahlzeiten ist in der Regel kein Grund zur Beunruhigung.

Sollte das Kind aber länger als drei Tage appetitlos sein, ist es ratsam vorsichtig nachzuhaken.

Bewegung hilft

Immer mehr Kinder und Jugendliche in Deutschland sind übergewichtig. Wir sprechen bereits von einer Epidemie, denn inzwischen sind zwanzig Prozent der Kinder betroffen. Jedes fünfte Kind ist zu dick. Seit den achtziger Jahren hat sich der Lebensstil stark verändert; statt auf Apfelbäumen und Garagendächern herumzuturnen sitzen die Kleinen vor dem Fernseher oder dem Computer. Dabei sind es nicht alleine körperliche Auswirkungen wie Gelenkschäden und Rückenprobleme, die den Kindern zu schaffen machen. Studien belegen, dass ein stark übergewichtiges Kind herzinfarktgefährdet ist und unter dem gleichen psychischen Druck steht wie ein Krebskranker während der Chemotherapie. Hinzu kommen soziale Probleme, denn Übergewichtige sind bei der Partnerwahl, bei der Arbeitssuche und in Bezug auf viele andere Aspekte des täglichen Lebens eingeschränkt und benachteiligt.

Auch bei Kindern, die nicht zu dick sondern »nur« bewegungsfaul sind, gibt es bleibende Schäden. Die Rumpf- und Haltemuskeln sind unterentwickelt, was zu Rückenschmerzen führt. Die Bänder werden schwächer, in der Folge werden Gelenke unstabil und nutzen mehr ab. Die Knochendichte nimmt ab, denn um fest zu bleiben, ist ein Knochen auf tägliche Bewegungsreize angewiesen. Einen vergleichbaren Materialschwund kennen Sie vielleicht von einem Gips-Arm: Wenn der Gips nach Wochen abgenommen wird, ist der Arm viel dünner, die Muskeln haben sich zurückgebildet. So ist es auch mit den Knochen. Prinzipiell will der Körper Energie sparen – was nicht benutzt wird, kommt weg. Zusätzlich nimmt die Durchblutung ab, und der Körper ist mit Sauerstoff und Nährstoffen unterversorgt. Bei kleineren Kindern ist sogar die Intelligenz betroffen. Das Gehirn bildet sich, indem vorhandene Zellen ihre »Fühler« ausstrecken und woanders andocken. So entstehen kleine Straßen, auf denen das Kind gesuchte Informationen abrufen kann. Jede Bewegung, jeder neue Reiz, jede Farbe, jeder Geruch, alles was als »Input« bezeichnet werden kann, macht das Kind schlauer. Eine Ausnahme bilden sogenannte HSP, hoch-sensible Personen; bei denen ist weniger manchmal mehr. Bei Hochsensiblen sind die Filterfunktionen des Gehirnes teilweise abgeschaltet, so kommt es schneller zur Überreizung. Geräusche, Gerüche, Farben, Schmerzen, fast alles sinnlich Erfahrbare wird übersteigert wahrgenommen. Betroffene Kinder ziehen sich gerne in stille Ecken zurück. Hinweise auf einen HSP-Zustand sind häufige Schmerzen ohne das eine Ursache gefunden wird, Anzeichen von allgemeiner Überforderung, Konzentrationsstörungen oder auch Gereiztheit. Forschen Sie nach, wenn das Kind häufig Dinge wie »es stinkt« oder »zu laut« sagt oder helles Licht verabscheut. Aber auch diese Kinder profitieren von Bewegung, am besten in der freien Natur, da so der Stress-Hormonspiegel gesenkt wird. Also lohnt es sich auf alle Fälle, wenn sich Ihr Kind bewegt, denn Bewegung macht

schlauer

schlanker

gesünder

selbstbewusster

langlebiger

glücklicher

Alle Eltern wünschen sich, dass es ihrem Kind gut geht. Wenn Sie mit dem folgenden Programm arbeiten, zahlen Sie mit jeder Bewegung auf das »glücklich und gesund«-Konto Ihres Kindes ein. Selbst wenn Sie nach drei Wochen wieder aufhören, hat Ihr Kind mehr auf seinem Konto als vorher. Lassen Sie uns anfangen!

Bewegung mit dem Niampel

Hier stelle ich Ihnen Ihren neuen Kindertrainings-Assistenten vor. Wir haben uns den »Niampel« als Trainingshilfe ausgedacht. Er betreut das Kind nach einer Eingewöhnungsphase, damit Sie dem Kind nicht alles hundert Mal sagen müssen. Der Niampel ist ein Ampel-Quader mit drei Farben. Jede der drei Farben steht für einen Aktivitätszustand des Kindes. Die Farben werden abwechselnd nacheinander eingesetzt, so dass die verschiedenen Zustände sich abwechseln. Dabei wird der sportliche Teil zu Anfang bewusst wenig anstrengend gehalten. Das Kind soll schnell Erfolge haben und von selbst Lust auf mehr bekommen. Die ruhigere Phase, in der Computer gespielt oder Ferngesehen wird, ist zeitlich begrenzt.

Sie brauchen einen Holz- oder Plastikquader oder einen kleinen rechteckigen Karton (von einer Glühbirne, Teepackung) oder ähnliches. Dieser wird auf einer Seite rot, auf der folgenden gelb, eine Seite weiter grün und auf der letzten Seite wieder gelb gekennzeichnet. Hierzu können Sie, je nach Rohling, einen Stift, Aufkleber, Tusche oder etwas anderes nehmen.

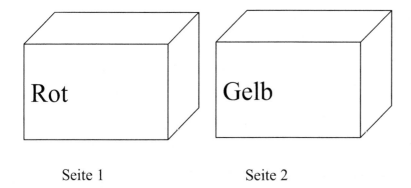

Seite 1   Seite 2

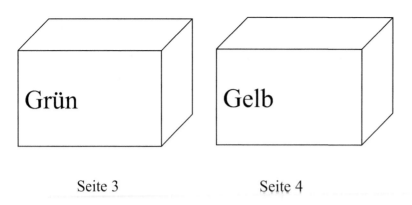

Seite 3   Seite 4

Auf die beiden Außenseiten machen Sie jeweils in beliebiger anderer Farbe, gut geeignet ist zum Beispiel Schwarz, den folgenden Pfeil:

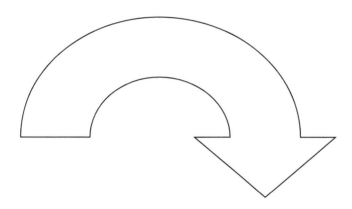

Beide Pfeile sollten dabei in die gleiche Richtung zeigen, so dass immer gleich herum gedreht wird, egal von welcher Seite das Kind auf den Quader guckt.

Jeder Niampel-Farbe ist eine Bedeutung zugeordnet. Ziel des Ganzen ist es, dem Kind das Abwechseln beizubringen. Es soll nach dem Computerspielen seinem natürlichen Bewegungsdrang wieder folgen, ohne sich von der nächsten »Totalstarre-Tätigkeit« gefangen nehmen zu lassen. Durch die

Trennung der Grün- und der Rotphase durch Gelbphasen ist sichergestellt, dass das Kind nicht direkt vom Computer oder Fernseher aus in sein Bett geht, denn darunter leidet die Schlaf-Qualität. Die Verarbeitung der Bilder und Geräusche von Fernseher und Computer ist für das Gehirn Schwerstarbeit; liegt die Belastung kurz vor dem Zubettgehen, kommt das Gehirn deutlich länger nicht in den richtigen Wellenrhythmus für den Tiefschlaf.

Nach der entsprechenden Tätigkeit soll das Kind den Quader *eine* Seite weiter drehen, damit es weiß, was als Nächstes anliegt. Das Kind spielt zum Beispiel mit Lego-Steinen. Es fragt nach einer Weile, ob es Game-Boy spielen darf. Da Sie auf dem Niampel sehen, dass »Rot« die nächste Phase ist, erlauben Sie es. Sehen Sie jedoch anhand des Pfeils, dass das Kind von »Rot« kommt und noch nicht über »Grün« gegangen ist, könnten Sie ihm sagen, dass es erst eine seiner Übungen machen (grün) und etwas essen (gelb) soll; dann darf das Kind wieder auf »Rot«.

Sicherlich ist das am Anfang etwas weniger bequem als zu sagen: »Mach Sport.« Wir wollen dem Kind aber Gewohnheiten einpflanzen, die es gesund und glücklich machen. Mit dem Bild der Ampel im Kopf lösen Sie zumindest aus, dass sich Ihr Kind Gedanken darüber macht, ob es richtig abwechselt. (Im besten Fall macht es sich für den Rest seines Lebens zur Gewohnheit, nach anstrengender Computerarbeit ordentlich zu essen und dann einen Spaziergang an der frischen Luft zu machen.) Das hat für Sie den Vorteil, dass Sie nach der Eingewöhnungsphase nicht mehr ständig kontrollieren und anweisen müssen. Das Kind weiß meist nach vier Wochen sehr gut alleine, was es als nächstes machen sollte. Außerdem ist das Programm ein »Mir ist langweilig«-Killer: Da die Kinder wissen, in welchem Bereich sie als nächstes aktiv werden sollen, fällt ihnen leichter etwas ein.

Stellen Sie den Niampel an einen Ort, an dem sich das Kind viel aufhält.

Hängen Sie dazu vielleicht folgende »Niampel- Liste« auf:

Farbe	Bedeutung
Rot	Computer, Fernsehen, Game-Boy oder andere Konsole
Gelb	Etwas Ruhiges tun; zum Beispiel essen, lesen, Lego bauen, etwas trinken, basteln, malen, Hausaufgaben machen
Grün	Bewegungsphase; toben, hüpfen, Seil springen, tanzen oder Sport machen

Erklären Sie dem Kind die Liste. Leiten Sie es vier Wochen so oft wie möglich zum »Niampeln« an. Eine Fehlerquote von bis zu 20 Prozent ist in Ordnung, da es durch Essenszeiten, Hausaufgaben etc. zu Überschneidungen kommen kann. Sie können auch Schule und Hauptmahlzeiten als Programm-Ausnahmen bezeichnen, gerade bei kleineren Kindern macht es das leichter. In der Schule werden Essen, Sichbewegen und Stillsitzen ja sowieso abgewechselt. Die grüne Phase ist am wichtigsten, die gelbe Phase sorgt für sanfte Übergänge und die Rot-Phasen sind am wenigsten wichtig. Sie dürfen vom Kind auch ausgelassen werden. Die erlaubte Computerzeit sollte 5 Minuten pro Lebensjahr pro Tag nicht überschreiten und kann auf zwei bis drei Rot-Phasen verteilt oder auf einmal genommen werden.

Irgendwann werden Sie den Niampel verstaubt in einer Zimmerecke finden. Auch das ist normal. Schön, wenn das Kind dann noch abwechselt. Und wenn nicht? Dann haben Sie einiges auf sein »Konto« eingezahlt, das dem

Kind für später nutzt. Wenn der Niampel seinen Zweck erfüllt hat, wird er – wir halten uns an das Kapitel »Ordnungsstrategien« – einfach entsorgt.

Was, wie viel, wie oft?

Da jedes Kind andere Grundvoraussetzungen hat, müssen die Empfehlungen hier unterschiedlich sein. Darum teilen wir die Übungen in Stufen ein. Sie brauchen für den Test, der anzeigt, auf welcher Stufe zu beginnen ist, zehn Minuten Zeit, eine Uhr und ein Kind.

Test-Übungen

Unterarmstütz: Das Kind liegt auf dem Bauch. Nun stützt es sich auf die ganze Länge der Unterarme und hebt Bauch und Knie vom Boden ab. Jetzt berühren nur noch die Füße und die Arme den Boden. Die Zeit zählt, bis ein anderer Körperteil den Boden berührt.

Einbein-Stand: Ihr Kind steht auf einem Bein seiner Wahl und stützt sich nicht ab. Es sollte möglichst nicht hopsen. Die Zeit zählt, bis der andere Fuß den Boden berührt.

Liegestütz: Das Kind drückt sich aus der Bauchlage in den Stütz. Der Körper ist gerade, die Arme sind gestreckt. Nur Hände und Füße berühren den Boden. Nun werden die Arme gebeugt, bis der gerade Körper und der Kopf nur noch zehn Zentimeter über dem Boden schweben. Dann wird zurück in den Stütz gegangen. Gezählt wird jedes Durchstrecken der Arme in der oberen Position.

Arme strecken: Beide Arme werden auf Schulterhöhe (!) nach vorne gestreckt und bleiben gerade. Falls die Arme über oder unter Schulterhöhe gehalten werden, weisen Sie das Kind darauf hin. Kommt dies länger vor, ist das Ergebnis nicht verwertbar.

Hüpfer auf einem Bein: Das Kind hüpft auf einem Bein seiner Wahl. Jeder Hüpfer wird gezählt, bis das andere Bein zum ersten Mal den Boden berührt.

Gefrorener Zappelfisch: Das Kind liegt flach auf dem Bauch. Auf ein Kommando hebt es die gestreckten Arme und die gestreckten Beine gleichzeitig an und hält sie in der Luft.

Welche Stufe das Kind hat, errechnen Sie aus den Punktwerten der folgenden Test-Tabelle:

Test	Anzahl oder Dauer	Punkte
Unterarm-Stütz	Bis 10 sek.	0
	Bis 30 sek.	1
	30 bis 60 sek.	2
	Ab 1 min.	3
Einbein-Stand	Bis 10 sek.	0
	Bis 30 sek.	1
	30 bis 60 sek.	2
	Ab 1 min.	3
Liegestütze	0-2	0
	3-4	1
	5	2
	ab 6	3
Arme nach vorne	Bis 30 sek.	0

115

gestreckt	30 bis 60 sek.	1
halten	Ab 1 min.	2
Hüpfer auf einem	0-2	0
Bein	3-5	1
	5-8	2
	ab 9	3
Gefrorener	Bis 30 sek.	0
Zappelfisch	30 bis 60 sek.	1
	Ab 1 min.	2

Da die Leistung in verschiedenen Altersstufen unterschiedlich ist, rechnen Sie bitte die folgenden Punkte zum Test-Ergebnis hinzu:

Alter in Jahren:	Punktanzahl dazu:
3	5
4	4
5	3
6	2
7	1
8	1
9 und älter	0

Testergebnis

0 – 7 Punkte: Ihr Kind ist nicht fit. Sie müssen wirklich dringend etwas tun. Trainieren Sie auf Stufe 1.

8 – 10 Punkte: Ihr Kind ist mittel-fit. Helfen Sie Ihrem Kind, mehr

Kondition zu bekommen! Trainieren Sie auf Stufe 2.

11– 14 Punkte: Ihr Kind ist eher fit, helfen Sie ihm dabei, es auch zu bleiben. Trainieren Sie auf Stufe 3.

Ab 15 Punkten: Ihr Kind ist sehr gut in Form; vielleicht sollten Sie seine sportliche Begabung zusätzlich fördern und es in einem Leichtathletik-Verein anmelden oder zum Turnen schicken. Trainieren Sie auf Stufe 3.

Es empfiehlt sich natürlich bei allen Kindern, sie in eine Sportschule oder auch einen Sportverein zu schicken. Schüchterne Kinder sind oft in einer Sportschule besser aufgehoben, weil da die Betreuung besser ist und die Gruppen kleiner sind. Besonders geeignet sind Wing Tsun-Selbstverteidigungs-Schulen, falls Sie eine mit Kinderabteilung in der Nähe haben. Im Internet findet sich unter www.ewto.com eine Postleitzahlen-Liste der Schulen, die Kids Wing Tsun anbieten. Hier wird das Kind sportlicher *und* lernt, sich zu verteidigen.

Den Test können Sie alle drei Monate wiederholen; notieren Sie die Ergebnisse und heben Sie diese auf. Dann sehen Sie die Erfolge schwarz auf weiß.

Folgende Übungen empfehlen sich für das Niampel-Training:

Übung	Stufe 1	Stufe 2	Stufe 3
Liegestütze	2x	4x	8x
Scherenhüpf	10x	20x	30x
Einbein-Hüpfen	5x	10x	20x
Rennen auf der Stelle	10 sek.	20 sek.	30 sek.
Knie zu Ellbogen	6 x	12x	20x
Zappelfisch	3x	6x	9x
Luftfahrrad	30 sek.	60 sek.	90 sek.

Je eine Einheit zählt als eine Grün-Phase beim Niampeln. Das Kind kann frei wählen, was es am liebsten macht. Dadurch hat es mehr Spaß an der Sache. Gehen Sie am Anfang alle Übungen einmal durch, damit das Kind weiß, welche es gibt und wie sie funktionieren. Die Übungen »Liegestütz« und »Einbeinhüpfen« sind oben schon erklärt worden, die weiteren Übungen sollten wie folgt ausgeführt werden:

Scherenhüpf:

Ein Bein ist im Stand vorne. Das Kind hüpft hoch und tauscht in der Luft die Beine, so dass hinterher das andere Bein vorne ist. Kindern, die noch nicht schulreif sind, muss man die Übung genau zeigen; sollten sie es nicht schaffen, kann stattdessen einfaches »Auf-der-Stelle-Hüpfen« gemacht werden.

Rennen auf der Stelle:

Das Kind bleibt am selben Platz, nimmt aber abwechselnd die Beine hoch und runter, als würde es rennen. Draußen zu rennen ist natürlich noch besser.

Knie zu Ellbogen:

Der rechte Ellbogen wird zum linken Knie geführt, dabei soll das Knie schön hoch gezogen werden. Dann wird der linke Ellbogen zum rechten Knie geführt. Jede Berührung Knie-Ellbogen zählt als ein Mal.

Zappelfisch:

Die Übung stärkt die Rumpf- und Rückenmuskulatur. Das Kind legt sich auf den Bauch und führt die Hände seitlich an die Ohren. Wie ein Fisch auf dem Trockenen nimmt es jetzt zeitgleich Kopf und Beine vom Boden hoch und senkt sie wieder. Das kann wahlweise schnell oder langsam geschehen. In Stufe 1 und 2 sollte es zumindest zu Beginn langsam erfolgen, um die Muskulatur nicht zu überfordern.

Luftfahrrad:

Das Kind liegt auf dem Rücken, die Beine werden senkrecht in die Luft gestreckt. Nun werden die Beine abwechselnd kreisend angezogen und weggestreckt, wie beim Fahrradfahren. Wenn das Kind keine Uhr hat, kann es in etwa pro Sekunde eine Zahl zählen; oder Sie lassen es ein Lied dabei singen und die Übung ist zu Ende, wenn das Lied zu Ende ist.

Der Niampel gibt vor, wie oft geübt wird. Sollte das Kind in der Grün-Phase mit den Turnübungen überfordert sein, können Sie die Anzahl der Wiederholungen senken. Vielleicht hat das Kind die Übungen auch nicht verstanden und braucht lediglich eine erneute oder einfachere Erklärung. Die Phasen des Niampel sollten aber eingehalten werden. Schon ab der ersten

Bewegung haben Sie ein Stück Ihres Zieles erreicht, denn jede Bewegung verbessert die Durchblutung und stärkt die Knochen.

So behalten Sie den Überblick

Falls das Kind Startschwierigkeiten hat oder Sie den Trainingserfolg messen möchten, können Sie einen Niampel-Kalender anlegen. Durch Ankreuzen wird gekennzeichnet, was schon gemacht wurde.

Schreiben Sie auf ein Blatt Papier:

Gelb

Grün

Gelb

Rot

Gelb etc.

Bei kleineren Kindern können Sie auch aufgemalte Farbkleckse vorgeben. Lassen Sie das Kind nach jeder neuen Phase abhaken. Da es am Anfang oft schnelle Wechsel gibt, wäre es ziemlich anstrengend, wenn Sie die ganze Zeit hinter dem Kind her laufen müssten, um für es Buch zu führen. Auch kleine Kinder können schon etwas durchstreichen. Und das Gefühl, etwas geschafft zu haben, motiviert das Kind weiter zu machen.

Mein Kind will aber nicht

Es ist immer wieder eine brisante Frage, ob Eltern für ihre Kinder zum Motivations-Coach werden sollen, oder ob sie sich dabei zum Affen machen

…

Meine Empfehlung ist da ganz einfach: Es gehört zur normalen Erziehung dazu, Kinder auch körperlich fit zu halten. Wenn wir den Kindern das nicht vorleben können oder wollen, müssen wir die Sprösslinge anders dazu bekommen, sich zu bewegen. Vorsicht ist jedoch angebracht, wenn ein Kind unter einer der folgenden Einschränkungen leidet: Asthma, Allergien, Übergewicht, Stoffwechselerkrankungen, chronischen Krankheiten. Diese Kinder sollten immer mit Stufe 1 beginnen. Bei akuten Erkrankungen wie Magen- und Darmerkrankungen, Grippe, Erkältung etc. und nach einer Impfung ist das Training eine Woche lang auszusetzen. Nach einer Masern-Erkrankung oder nach einem Keuchhusten ist ein halbes Jahr nur Stufe 1 anzuraten. Ansonsten gibt es kaum Gründe, warum sich ein Kind nicht bewegen sollte. Also arbeiten Sie mit allen schmutzigen Tricks, wie Bestechung, Schmeichelei, An-Vorteile-Koppeln und so weiter. Vielleicht versprechen Sie einen Kino-Film nach der ersten erfolgreichen Woche, vielleicht sagen Sie auch »Wer regelmäßig niampelt darf zehn Minuten länger aufbleiben«. Ihrer Fantasie ist da keine Grenze gesetzt. Hauptsache, Sie bekommen das Kind dazu sich zu bewegen. Und wenn alles nicht hilft: Machen Sie mit, so gut es geht!

Verhalten und Stimmung verbessern

Wir haben in unserer Sportschule festgestellt, dass Sport die Stimmung beeinflusst. Sowohl Müdigkeit und Ärger als auch Spannungsreaktionen können mit Sport abgebaut werden. Bei unseren Beobachtungen stellte sich heraus, dass Bewegung mit geringer Intensität und kurzer Dauer sowohl während der Belastung als auch danach von unseren Schülern durchweg als positiv erlebt wird. Mittlere Intensität einer Betätigung und/oder längere Dauer wird nur von etwa der Hälfte als positiv empfunden. Die andere Hälfte gibt an, sich währenddessen unwohl zu fühlen; besonders häufig fühlten sich

Frauen unwohl. Nach der Betätigung ist aber bei allen die Stimmung besser, auch bei denen, die währenddessen schlechter gelaunt waren. Starke bis sehr starke Belastung wurde während des Trainings fast durchgehend als unangenehm empfunden, aber selbst nach dem härtesten Training war bei allen Befragten *hinterher* die Stimmung besser. Man kann also davon ausgehen, dass Bewegung – gleich welcher Art – insgesamt die Laune hebt. Sollte es also Ihr Hauptziel sein, die Stimmung des Kindes zu verbessern, wird jede Art der sportlichen Betätigung zum Erfolg führen. Falls das Ziel eine starke Bindung an Sport zur Förderung der Regelmäßigkeit ist, sollte man eher Betätigungen mit geringer Intensität und kurzer Dauer auswählen und dazu persönliche Vorlieben beachten. Was heißt das konkret? Wenn Ihr Kind Ballspiele hasst, ist es nicht sinnvoll, es ganze zwei Stunden hammerhartes Handballtraining machen zu lassen. Suchen Sie etwas aus, das dem Kind gefällt.

Nicht nur die Stimmung, auch das Verhalten bessert sich oft nach erstaunlich kurzer Zeit, denn ausgelastete Kinder sind weniger zappelig und aggressiv. Für insgesamt eher unruhige Kinder können zum Beispiel, je nach Neigung, auch Ballsportarten oder Judo gut geeignet sein, um Team-Geist, Auslastung und friedliche Stimmung zu fördern[7]. Das Kind lernt, sich an Regeln zu halten und Rücksicht zu nehmen. Es lernt auch, seine Kraft einzuschätzen, so fällt es ihm leichter, niemanden zu verletzen. Und ganz allgemein tut dem Kind die Bewegung gut.

Tipp: Strahlende Laune und Ausgeglichenheit sind die Belohnung des Körpers dafür, dass sein Nutzer ihn in Form hält …

Ihr Kind als gutes Beispiel für andere

Kinder sind sehr davon abhängig, was andere machen. Ihr biologisches Programm benutzt Nachahmung, um bessere Überlebenschancen zu haben. Der kleine Tiger »jagt« wie die Großen hinter sich wiegenden Grashalmen her, die kleine Katze putzt sich wie Mama. Kinder ahmen ihre Eltern schon sehr früh nach, selbst Neugeborene imitieren den Gesichtsausdruck dessen, der sie ansieht. Doch nicht nur die Eltern werden nachgeahmt. Um in der komplizierten Gemeinschaft besser zurechtzukommen, wird auch das Verhalten in einer Gruppe von Gleichaltrigen häufig übernommen. Bei älteren Kindern ist die Gruppe sogar teilweise maßgeblicher als das Vorbild, das die Eltern geben; man spricht in diesem Zusammenhang auch von »Peer Groups«.

Das Verhalten eines einzigen Kindes kann in seiner Gruppe eine richtige Welle auslösen. Kaum hat einer »Gogos« (so kleine Plastikdinger zum Murmelspielen), sind alle wie wild dahinter her. Dann tauchen Pokémon-Karten auf; diese werden von Yu-Gi-Oh-Karten abgelöst. Zwei Jahre später bringt einer wieder einen Gogo mit zur Schule. Plötzlich sind erneut alle im Gogo-Wahn. Schubladen, deren Inneres noch nie das Licht gesehen haben, werden nach vergessenen Exemplaren durchsucht; all das ausgelöst durch ein Kind, dass die Gogos mal wieder mitgebracht hat.

Ein positives Beispiel:
Ein leerer Hof vor einem Mietshaus. Es ist halb vier und sonnig, alle Kinder hängen im Haus herum. Ein Kind geht raus und spielt mit einem Ball. Innerhalb von fünf Minuten ist der Hof voll mit Kindern.

Jedes Kind – auch Ihres! – kann solche Bewegungen anstupsen. Plötzlich ist es wieder in, sich auf Bäumen herumzutreiben oder Fußball zu spielen, es braucht bloß einen Anstoß. Vielleicht schenken Sie mal »Draußen-Spielzeug«, das könnte schon reichen. Vielleicht basteln Sie für den besten Freund Ihres Kindes auch einen Niampel, dann können beide sich miteinander über ihre Erlebnisse austauschen. Sie könnten die Kinder anregen, neue Übungen zu erfinden, und diese aufschreiben. Machen Sie Bewegung zur »In-Sache«. Wenn eine ganze Industrie von Tradingcard-Games wie Yu-Gi-Oh leben kann, werden wir Ihr Kind auch dazu bringen können, sich zu bewegen. Wir müssen nur die richtige Marketingstrategie in Bezug auf das Produkt Bewegung fahren.

Checkliste Bewegung

- ☑ **Niampel gebaut**

- ☑ **Fitness-Test gemacht**

- ☑ **Liste aufgehängt**

- ☑ **Kind gelobt**

- ☑ **Langsam gestartet**

- ☑ **Auf Anzeichen für Überforderung geachtet**

- ☑ **Selbst mitgemacht**

Die wichtigsten Tipps auf einen Blick

Jeden Tag üben.

Je regelmäßiger das Kind trainiert, umso mehr gewöhnt es sich daran, sich zu bewegen. Und wir wollen genau das! Positive Gewohnheiten sparen viel Mühe, das Schwierigste ist es doch, sich immer wieder aufzuraffen. Wenn es dann einmal läuft, macht Bewegung Spaß.

Nutzen Sie den Niampel.

Kinder brauchen Bilder und Bezugspunkte, um sich Sachen gut merken zu können. Das Kind wird nach »Rot« sofort denken »jetzt kommt Gelb und dann Grün«, aber es wird nicht denken: »Oh, ich habe ein Konsolenspiel gespielt, jetzt muss ich mal etwas trinken und mich dann bewegen.«

Führen Sie einen Trainings-Plan.

Zumindest in der ersten Woche kann das sehr hilfreich sein. Am Ende der Woche hat das Kind etwas vorzuweisen und kann sich ausgiebig loben lassen. Das motiviert. Darum lautet die nächste Regel:

Loben Sie!

Durchschnittlich sagen wir 17 bis 20 Mal »nein« und nur ein Mal »ja« pro Tag zu einem Kind. Und dann wundern wir uns, dass unsere Kinder unsicher und wenig selbstbewusst sind. Sie machen es besser! Sie sammeln die kleinen Erfolge Ihrer Kinder und loben diese in ehrlichen Worten. Darum geht es Ihrem Kind bald besser als dem Durchschnitt.

Gehen Sie es langsam an.

Waren Sie mal untrainiert lange joggen? Das kann einem wirklich für Jahre die Lust am Sport nehmen. Gehen Sie in spielerisch kleinen Schritten vor; es soll sich einprägen, dass Bewegung Spaß macht.

Vermeiden Sie Überforderung.

Vielleicht haben Sie das Kind falsch eingeschätzt, vielleicht hat es nur einen schlechten Tag. Wenn Sie merken, dass das Kind überfordert ist, rudern Sie zurück auf die Stufe darunter. In Stufe 1 reduzieren Sie die Anzahl der Wiederholungen. Körperliche Anzeichen können zum Beispiel Luftnot, Erschöpfung und Zittrigkeit sein.

Üben Sie wie Turnvater Jahn.

Viele der alten Übungen waren gar nicht so übel. Jedes Schulkind sollte – nach etwas Übung – eine Rolle vorwärts können. Seilspringen ist eine gute Konditionsübung. Kaufen Sie ein Seil und bringen Sie Ihrem Kind mit etwa sechs Jahren das Seilspringen bei.

Machen Sie mit.

Wenn Bewegung in Ihrem Leben gar keinen Platz hat, wird es schwer, das Kind dafür zu begeistern. Nichts motiviert Kinder so sehr, wie mit ihren Eltern etwas gemeinsam machen zu dürfen (von der Pubertätszeit einmal abgesehen). Sie könnten zum Beispiel am Sonntag mit »niampeln«, oder ein Mal am Tag abends um 18 Uhr. Vielleicht lassen Sie das Kind dabei zeigen, was es geübt hat.

Schule leichtgemacht

Wie ist Ihr Kind denn so in der Schule? Hat es gute Noten? Geht es gerne
hin? Gemeine Fragen, ich weiß. Selbst die Kinder, die gute Leistungen
bringen, gehen nicht unbedingt gerne zur Schule. Lernen muss nun mal sein,
das ist jedem klar. Es nützt ja nichts.

Vor noch gar nicht so langer Zeit haben Kinder keine Schulpflicht gekannt,
Sie arbeiteten auf dem Kartoffelacker und gingen Ziegen hüten, fütterten die
Hühner und halfen bei der Ernte. Nur die Reichen gönnten sich den Luxus,
auf die Hilfskraft Kind zu verzichten. Sie konnten es sich leisten, die Kinder
Lesen und Schreiben lernen zu lassen. Selbst als die Schulpflicht eingeführt
wurde, blieben die Kernarbeitszeiten im Jahr, die Heuzeit und die Saat und
die Ernte, schulfrei. Die Ferien waren zum Mitarbeiten gedacht. Heute wird
es als selbstverständlich betrachtet, in der Ferienzeit auszuruhen und
zusätzlich noch in den Genuss von Ferienreisen zu kommen. Das Gefühl
dafür, Lernen als ein Privileg zu betrachten, ist uns völlig abhanden
gekommen. Dabei gibt es in der Welt noch genügend Kinder, die nicht lesen
lernen *dürfen*. Durch die Schule steht Ihrem Kind die ganze abenteuerliche
Welt offen. Egal, was es einmal werden will, nach der Schulzeit sind die
Grundlagen dazu geschaffen. Das Kind kann lesen, schreiben und rechnen
und ist in der Lage, sich darüber hinaus benötigtes Wissen selbst anzueignen.
Dafür bin ich wirklich dankbar.

Der Wunsch nach Wissen ist eine Flamme, welche ein Leben lang brennen
kann. Wenn Sie das Lernen als etwas Positives betrachten, dann wird das
auch Ihr Kind tun. Unabhängig von den folgenden praktischen Tipps können
Sie Ihrem Kind die richtige Einstellung zum Lernen und zum Arbeiten
mitgeben. Vermitteln Sie Ihrem Kind, das Lernen und Arbeiten wichtig ist
und Spaß machen kann. Damit hat es bei einem Bewerbungsgespräch schon

einen Vorsprung vor den anderen Bewerbern, denn Arbeitgebern ist die richtige Einstellung zum Arbeiten nach meiner Erfahrung teilweise sogar wichtiger als die Noten es sind. Dinge wie pünktliches Erscheinen, vollständige Unterlagen und passende Kleidung am Vorstellungstag sind äußerlich sichtbare Auswirkungen eben dieser Einstellung. Freuen Sie sich, wenn Sie Arbeit haben, und teilen Sie Ihrem Kind das mit. Sagen Sie ihm, woher das Geld für Essen und Urlaub kommt. Die meisten Sechsjährigen denken, dass das Geld von der Bank zur Verfügung gestellt wird – oder sie wissen nur, dass es aus dem Automaten kommt, und stellen nicht einmal die Verbindung zur Bank her.

Interessieren Sie sich für Dinge, die das Kind gelernt hat, und sagen Sie: »Das ist ja spannend, das wusste ich gar nicht.« So schaffen Sie die Vorraussetzung dafür, dass Ihr Kind gerne lernt und sich fortbildet, denn fast jedes Kind fühlt sich wohl, wenn es anderen etwas zeigen oder erklären kann. Und Sie haben wieder auf das »Lebenstüchtigkeits-Konto« Ihres Kindes eingezahlt.

Gut organisiert spart richtig Zeit

Öffnen Sie doch mal den Ranzen Ihres Kindes. Oder den Rucksack … Was sehen Sie? Zerdrückte Mappen, lose Blätter, herrenlose Stifte, kaputtes Geodreieck? Willkommen im Club. Ich arbeite viel an Schulen als Gewaltpräventionstrainerin, und die Schultaschen der Fünftklässler sehen häufig schlimm aus. Bei einigen besonders kreativen Kindern ist das sogar schon in der Grundschule so. Falls Sie ein Grundschulkind haben, können Sie mit dem folgenden Ordnungssystem vorbeugen. Falls Ihr Kind auf der weiterführenden Schule schon mitten im Chaos steckt, halten Sie durch – wir holen Sie jetzt da raus!

Beginnen Sie mit der Einkaufsliste. Sollten Sie knapp bei Kasse sein, steht auf der Alternativliste eine kostengünstigere Möglichkeit. Nur die Papphefter mit Ösen sind zwingend erforderlich.

Liste	Alternativ- Liste
1 Ordner 8 cm Rücken neu	1 Ordner alt, 8 cm Rücken
Je 1 Papphefter mit Ösen halber Deckel pro Schulfach, am besten in verschiedenen Farben	Je 1 Papphefter mit Ösen halber Deckel pro Schulfach, am besten in verschiedenen Farben
1 Schreibtisch- Butler neu	1 Kästchen, Gefrierdose oder Ähnliches
2 Briefablagekörbe	2 flache Kartons, ca. DIN A4
Je 1 Klebestift, Anspitzer, Bleistift, Datumsstempel, Geodreieck, Tintenkiller, Radiergummi	Je 1 Klebestift, Anspitzer Bleistift, Geodreieck, Tintenkiller, Radiergummi aus Familienbestand
Locher neu	Familien-Locher
Hefter neu	Familien-Hefter
1 Eckspannermappe	Irgendeine der alten Mappen

Nachdem Sie die Sachen besorgt haben, räumen Sie ein Fach in der Nähe des Hausaufgaben-Platzes komplett frei. Am besten ist ein Platz im unteren Küchenschrank. Stellen Sie die beiden Briefablagen/Kartons in das saubere

Fach. Beschriften Sie die Behälter mit: »Mappen- Parkplatz« und »lose
Blätter«.

Kennzeichnen Sie jede Mappe mit dem Namen des Kindes und dem
Schulfach. Heften Sie die Mappen für den nächsten Tag an den Ösen in den
Ordner. Die Mappen sind jetzt optimal vor dem Verknicken geschützt. Legen
Sie die restlichen Mappen in den Mappenparkplatz. Kleben Sie einen
aktuellen Stundenplan an die Innenseite der Schranktür. Trennen Sie die
Schulmaterialien von den Lernzeitmaterialien. Markieren Sie alle Lernzeit-
Kleinteile mit einem Edding oder Klebeband, so kommt es nicht zu
Verwechslungen mit den Schulranzenutensilien. Der Schreibtisch- Butler
wird mit den Kleinteilen von der Liste gefüllt. Hefter und Locher kommen in
die Nähe. Alle drei Sachen stehen während der Lernzeit auf dem Tisch. In
der übrigen Zeit kommen sie mit in das Schulfach. So ist während der
Lernzeit alles zur Hand, das spart Zeit. Der halbe Deckel ermöglicht das
Anfertigen bzw. Benutzen von Deckblättern; diese werden besonders zu
Beginn der weiterführenden Schule häufig als Einstieg in die neuen Themen
verlangt. Viele Kinder haben auch einfach Spaß daran, hübsche Deckblätter
zu gestalten. In einem aufgeräumten Ranzen sind die kleinen Kunstwerke
viel langlebiger. Die neue Anordnung des entrümpelten Ranzens könnte zum
Beispiel so aussehen:

Vorne :   Federtasche, ggf. Zirkelkasten
Hauptfach: Ordner, Bücher, evtl. Handy, College- Block,
Arbeitshefte
Seite außen: Trinkflasche

Besonders die üblicherweise im Ranzen »herumschliddernden« zerfransten
Papphefter machen einen unordentlichen Eindruck. Die neue Art der

Mappenablage in einem Ordner bringt zwar etwas zusätzliches Gewicht, spart dafür aber Zeit (schnelles Auffinden der Mappen), Geld (es werden nicht so häufig neue Mappen gebraucht) und Nerven (bringen Sie mal ein Kind dazu, die Zettel eines Dreiviertel Jahres wieder in die richtige Reihenfolge zu sortieren, weil sich eine Mappe in ihre Bestandteile aufgelöst hat …).

Lose Blätter werden in Zukunft in der Schule schnell unsortiert in den Eckspanner gelegt. So vermeiden Sie, dass alle schon beim nächsten Thema sind und Ihr Kind noch die Zettel wegheftet – oder Ihr Kind zwar nichts vom Unterricht versäumt, dafür aber die Blätter einfach in den Ranzen gestopft hat. Nicht sehr hilfreich, besonders, wenn auf den zermatschten Blättern die Themen und Termine für eine Klassenarbeit oder die Hausaufgaben sind. Zuhause werden die Blätter in die Ablage »lose Blätter« gelegt. Dort bleiben sie bis zum Abheften in der nächsten Lernzeit.

Mit einer gut organisierten Lernzeit und einer ordentlichen Schultasche sparen Sie Zeit, weil Sie:

Immer die fehlenden Mappen finden

Nicht während des Lernens im ganzen Haus einen Radierer suchen müssen

Die Dinge aus dem Schrankfach leichter nach dem Stundenplan packen können

Sofort Zugriff auf die Federtasche haben

Die Bücher nicht unter und zwischen den Mappen suchen müssen

Hausaufgaben und Arbeitsblätter immer parat haben

Keine zerknickten Blätter mehr erneut abschreiben lassen müssen

So bleibt mehr Zeit für das Lernen und die Verbesserung der Noten.

Bessere Lernleistung durch einfache Tricks

Viele Kinder bleiben weit unter ihren Möglichkeiten. Eigentlich sind sie intelligent; auf die eine oder andere Weise stellen Sie sich aber immer wieder selbst ein Bein. Als Folge droht nach der Grundschule eine Empfehlung für die falsche Schule. Ich kenne einen Hochbegabten, der in der vierten Klasse eine Hauptschul-Empfehlung bekommen hat. Da die Hochbegabung nachgewiesen war, haben sich die Eltern ausführlich mit der Schule unterhalten, und es wurde als endgültige Empfehlung eine Realschul-Empfehlung ausgesprochen. Die Eltern gaben das Kind nach langem Überlegen trotzdem auf ein Gymnasium. Hier kommt das Kind gut zurecht und hat gute bis befriedigende Noten. Wenn ein Kind auf seiner neuen Schule unterfordert ist und sich langweilt, macht es nur weiter Unsinn. Durch die geringe Aufmerksamkeit dem Unterricht gegenüber entstehen echte Lücken, so dass selbst Hochbegabte vielleicht nicht mehr den Anschluss finden. Diese Situation muss verhindert werden. Am besten wäre es natürlich, wenn jedes Kind genau seinen Fähigkeiten entsprechend unterrichtet würde. Das mag vielleicht in Holland vorkommen, wo 77 Prozent der Kinder auf Privatschulen gehen, weil ihre Eltern das als Investition in die Zukunft betrachten. In dem deutschen Schulalltag, den ich in der täglichen Praxis gesehen habe, ist dies aus verschiedenen Gründen so jedoch nicht möglich. Deshalb ist Eigeninitiative gefragt. Schaffen Sie die besten Vorraussetzungen für die Schullaufbahn Ihres Kindes, denn mit einigen Tricks kann man schon 80 Prozent der ungünstigeren Umstände ausgleichen. Die passende Einstellung zum Lernen hatte ich schon angesprochen. Was auch immer Sie an Signalen aussenden, Ihr Kind wird sich an Ihnen orientieren. Ihre Einstellung zum Thema Schule transportiert sich auch ohne Worte. Wenn Sie die Schule gehasst haben, zeigen Sie dies Ihrem Kind nicht. So haben beide, Sie und das Kind, die Möglichkeit, das

Lernen neu zu besetzen. Lernen macht Spaß und ist spannend! Zusätzlich zur richtigen Einstellung hilft regelmäßiges und strukturiertes Arbeiten, um die schulische Situation Ihres Kindes zu verbessern.

Versuchen Sie Folgendes:

Führen Sie eine feste Lernzeit ein.

Diese sollte natürlich in Ihre Planung passen. Gut wäre es, wenn die Lernzeit nicht direkt nach der Schule und auch nicht direkt vor dem Schlafengehen stattfindet. Vielleicht passt von 17 bis 18 Uhr im Winter und von 18 bis 19 Uhr im Sommer; wann auch immer Sie die Zeit einbauen, sie sollte absolut konsequent eingehalten werden. Von der ersten bis zur vierten Klasse ist eventuell eine halbe Stunde ausreichend. Ziel dieser festen Zeit ist es, die Hausaufgaben nicht zu »vergessen« oder aufgrund von Verlockungen durch andere Aktivitäten schnellstmöglich und schlampig auszuführen. Die Lernzeit findet immer statt, und wenn keine Hausaufgaben zu erledigen sind, werden eben Mappen geordnet oder Stifte gespitzt. Sobald das Kind gemerkt hat, dass ihm nichts anderes übrig bleibt als die Zeit »abzusitzen« wird es konstruktiv und arbeitet ordentlich. In der Lernzeit werden zuerst die Hausaufgaben erledigt. Wird für diese mehr Zeit benötigt, muss eben länger gearbeitet werden. Ist nach den Hausaufgaben noch Zeit, empfehlen sich folgende Punkte: für Klassenarbeiten üben, Inhaltsverzeichnisse führen, lose Blätter einheften, Stifte spitzen, Vokabeln wiederholen und unordentlich Geschriebenes neu abschreiben. Bis sich die Lernzeit etabliert hat, gibt es einiges Geschrei. Sobald sich die Kinder daran gewöhnt haben, ist es aber normalerweise kein Problem. Manche Kinder kommen auf die Mitleidstour: »Immer muss ich so viel arbeiten, ich darf nie spielen, alle dürfen spielen, nur ich nicht …«, das kann durchaus eine halbe Stunde dauern. Lassen Sie sich davon nicht beeindrucken. Hängen Sie die »verjammerte Zeit«

hintendran. Die Kinder in Japan haben keine freie Minute am Tag, alles ist verplant. *Das* ist sicher nicht gut. Aber seine Hausaufgaben in Ruhe und ordentlich zu erledigen, ist gewiss sinnvoll.

Arbeiten Sie mit Hilfsmitteln.

Für Schüler ab der fünften Klasse ist für Fremdsprachen eine Lernkartei erfolgversprechend. In diese Box kommen kleine Karteikarten, meist in DIN A8, auf welche auf der einen Seite die deutsche Bedeutung und auf der anderen Seite die Übersetzung aufgeschrieben wird. Das Kind sieht die Karte an. Kennt es die Lösung, kommt die Karte nach hinten, kennt es sie nicht kommt die Karte zum Wiederholen nach vorne. Diese Kartei eignet sich auch für Formeln in der Mathematik oder für andere Fächer wie Musik. Nehmen Sie einfach einen langen Kasten und verschiedenfarbige Karteikarten, für jedes Fach eine andere Farbe. Auch die Vokabeltrainer im DIN A5-Format mit einsteckbarer Klarsichtfolie sind hilfreich. Für ältere Schüler gibt es laminierte Schreibtischunterlagen in DIN A3 mit Vokabeln oder Grammatikübersichten, so ist beim Übersetzen alles schnell zur Hand. Das Führen eines Hausaufgabenheftes hilft, den Überblick zu behalten.

Fragen Sie nach »Klassenarbeitstrainern« in der Buchhandlung. Besonders zu den Hauptfächern gibt es inzwischen Begleithefte, die speziell zu den Klassenarbeiten passend gestaltet wurden. Da sind zwar meist nicht die genauen Aufgabenstellungen der Klassenarbeiten drin, aber Aufgaben und Musterlösungen, die denen der Arbeiten sehr nahe kommen.

Sollte Ihr Kind eine schlechte Beurteilung des Sozialverhaltens bekommen haben, gibt es zum Beispiel für Grundschüler auch dazu Arbeitsmaterialien. Gut geeignet zur Förderung der sozialen Kompetenz ist das Arbeitsheft »Das Glanni- wie Robin und Lea wieder Freunde wurden«.[8] Dieses Heft wird auch vom Obmann des österreichischen Kinderschutzbundes, Prof. Dr. Vielhaber, empfohlen.

Achten Sie auf ausreichende Kalorien- und Nährstoffversorgung.
Das Gehirn verarbeitet beim Lernen große Mengen an Zucker. Ein Diktat kann soviel Energie kosten wie ein Dauerlauf. Wenn der Blutzuckerspiegel im Keller ist, kann das Kind nicht lernen. Optimal wäre zum Beispiel: morgens Obst, Kohlenhydrate und Eiweiß, also zum Beispiel ein halber Apfel und ein Schinkenbrot, in der ersten großen Pause gegen zehn Uhr noch einmal das Gleiche; durch das Eiweiß steigt und fällt der Blutzucker langsamer. Um ca. 12 Uhr etwas mit leicht verdaulichen Kohlenhydraten wie zum Beispiel Toast mit Nutella oder Marmelade, gegebenenfalls auch eine Süßigkeit oder Kekse. So wird der Blutzucker für den Endspurt bis zum Mittagessen noch einmal nach oben gebracht. Über den letzten Punkt kann man natürlich streiten: Viele Menschen sind der Ansicht, dass Süßigkeiten nicht in die Ernährung eines Kindes gehören. Tatsächlich habe ich unter etlichen tausend Kindern auch eine Erstklässlerin dabeigehabt, die noch nie in Ihrem Leben Zucker gegessen hatte. Aber eben nur eine. Ich möchte Sie da abholen, wo Sie stehen. Die meisten Eltern geben Ihren Kindern doch Süßigkeiten, dann kann man sie auch strategisch geschickt einsetzen, um wenigstens einen Nutzen aus ihnen zu ziehen. Außerdem arbeiten Sie ja mit dem »1 + 1 = Fit«- System, da werden die Süßigkeiten von alleine weniger. Schlecht wäre es, gleich morgens Cornflakes mit Kakao, in der Schule um 9 Uhr 30 Nutellabrot und um zwölf gar nichts zu essen zu geben. Dann geraten die Kinder mittags in eine massive Unterzuckerung, die sich in aggressivem Verhalten und Konzentrationsstörungen auswirkt.

Erlauben Sie keine Konsolenspiele in der Schule.

Das Gleiche gilt für Foto-Handys. Die Kinder sind stark abgelenkt und kommen schlecht wieder in das Unterrichtsthema. Außerdem empfinden Sie die Schulstunden dann als lästige Unterbrechung der lustigen Beschäftigungen. Der Dauergebrauch von Foto-Handys führt überdies häufig zur missbräuchlichen Nutzung. Sie können ja bei neuen Handys, zum Beispiel wenn sie gerade erst zum Geburtstag geschenkt wurden, eine Ausnahme machen. Allerdings sollte die Ausnahme vorher geregelt werden, das spart morgendliche Diskussionen. Wenn Sie noch kein Handy gekauft haben: Nehmen Sie eins mit coolen Spielen, aber ohne Kamera.

Loben Sie Ihr Kind für gute Noten, aber bezahlen Sie es nicht regelmäßig dafür.

Am besten wäre es, wenn das Kind versteht, dass es für sich lernt. Sprechen Sie mit Ihrem Kind über den Zusammenhang zwischen Arbeit und Geld. Auch wenn Sie keine Arbeit haben, sind solche Gespräche wichtig. Vielleicht können Sie Ihr Kind so stützen, dass es einen Beruf mit höherer Chance auf eine Arbeitsstelle bekommt als Sie. Schließlich sollen die Kinder es später wirklich besser haben … Herausragende Leistungen mit einer Kleinigkeit zu belohnen, ist aber sicher nicht verkehrt, solange der Wert nicht größer als ein Euro ist. Höhere Belohnungen für Einzelleistungen führen oft zu stark ausgeprägtem Anspruchsdenken. Im schlimmsten Fall können Sie vielleicht in finanziellen Krisenzeiten nicht so viel erübrigen, und das Kind verweigert dann die Leistung und schadet sich.

Eine Ausnahme sind die Zeugnisse. Hier bietet sich ab der dritten Klasse ein Staffelmodell (in Euro) an:

Grundschule:	(ab 1. HJ 3. Klasse)
Note 1	+ 1,50

Note 2	+ 1,-
Note 3	+ 0,50
Note 4	+-0
Note 5	- 0,50
Note 6	- 1,50
Weiterführende Schule	**(ab 5. Klasse)**
Note 1	+ 2,-
Note 2	+ 1,50
Note 3	+ 1,-
Note 4	+ -0
Note 5	- 1.-
Note 6	- 2,-

Das Sozialverhalten auch bewerten (wie Noten von 1-5).

Das System ist ganz einfach, für gute Noten wird Geld hinzugefügt, für schlechte Noten abgezogen, die Summe wird ausbezahlt.

Ein Beispiel:

Hat ein Grundschulkind also zweimal Note 1, einmal Note 2, einmal Note drei und einmal Note 5, bekommt es:

3,- + 1,- + 0,50 – 0,50 = 4,- Euro

Bei fleißigen, aber dennoch leistungsschwachen Kindern kann ein Belohnungsgeschenk gekauft und hübsch verpackt werden. Die Betragensnoten sollten in die Bewertung mit einbezogen werden. Denken Sie daran, dass das Verhalten grundlegend dafür ist, wie das Kind später im

Leben zurechtkommt. Aber auch höhere finanzielle Anreize als in der Tabelle aufgeführt sind erlaubt. Sie können dem Kind ab etwa zwölf Jahren anbieten, dass es beim erstmaligen Erreichen eines Schnitts von kleiner 2,0 als Belohnung 50,- Euro gibt (oder einen beliebigen anderen Betrag). Bei einem Notendurchschnitt kleiner 3,0 gibt es vielleicht noch 10,-. Diese Strategie eignet sich besonders bei intelligenten, aber faulen Kindern. Das muss man sich allerdings auch leisten können. Falls es bei Ihnen finanziell eng ist, können Sie andere Anreize setzen, vielleicht einen Ausflug oder ein Picknick. Die finanziellen Anreize sind kein Widerspruch zum Setzen vernünftiger Maßstäbe; es ist in der Arbeitswelt durchaus üblich, Mehrleistung gesondert zu vergüten. Wenn Ihr Kind also so hart arbeitet, dass es seinen Notendurchschnitt um eine oder mehr Noten anhebt, hat es eine Extra-Belohnung verdient. Diese Extra-Belohnung sollte es aber in der Schullaufbahn nur einmal geben; mit dem ersten Erreichen des angepeilten Zieles wird der Bonus ausgezahlt und ist weg. Damit hat das Kind die Erfahrung gemacht, wie viel Bestätigung ein Schüler bekommt, der im Unterricht gut mitkommt. Heute wird kaum noch ein Kind »Streber« genannt, die meisten Kinder finden gute Schüler beeindruckend. Diese eher neue, positiv-neidische Sichtweise ist sicherlich auch auf den hohen Konkurrenzdruck im Arbeitsleben zurückzuführen.

Mit System zum Erfolg

Wir wollen systematisch und langfristig bessere Schulleistungen bekommen. Die rein fachliche Leistung reicht aber oft bei weitem nicht aus. Etliche Kinder schreiben recht gute Noten, werden aber mündlich schlecht bewertet. Noch dazu melden sie sich nach eigenen Aussagen genauso häufig mit Beiträgen in guter Qualität wie ihre Schulkameraden, werden aber vom Lehrer schlechter bewertet. Das bedeutet, dass für die Bewertung der

mündlichen Leistung noch andere Faktoren ausschlaggebend sein müssen.
Die Frage lautet:

»Was wollen eigentlich Lehrer?«

Lehrer wollen ernst genommen werden – wie jeder Mensch.

Lehrer wollen Kindern etwas beibringen.

Lehrer wollen gute Mitarbeit, um fachlich voranzukommen.

Lehrer wollen leserliche Arbeiten, um sich mühsames Enträtseln zu sparen.

Lehrer wollen das Gefühl, dass dem Schüler ihr Fach wichtig ist; die
Schule ist in der aktiven Zeit ihr Lebenssinn. Eine Ablehnung des Faches
bedeutet eine Ablehnung der Person des Lehrers und seiner Ideale.

Nun hat nicht jeder die fachlichen Fähigkeiten oder genug Interesse am
Thema, um dem Anspruch seines Deutsch-, Musik oder sonstigen Lehrers
vollauf zu genügen. Wie kann man auch bei geringem Interesse oder Talent
einen guten Eindruck hinterlassen, um den Schaden zu begrenzen? Durch
einen professionellen Auftritt. Der Lehrer zieht zur Beurteilung der Leistung
nicht nur Objektives heran. Genau so wichtig sind die unterschwelligen
Botschaften. Ein abgerissener Zettel mit schnell hingeschmierten Zeilen mag
inhaltlich begnadet sein. Bis der Lehrer das gelesen hat, ist er aber schon so
in Rage, dass er die Leistung nicht mehr würdigen kann oder will. Darum
einige Übersetzungszeilen für die Schüler-Lehrer-Kommunikation:

Schüler sendet	Lehrer empfängt als Botschaft
Fehlendes Material	Mein Fach ist ihm egal
Fehlende Hausaufgaben	Der Schüler bemüht sich nicht
Fehlende Ausführung von	Schüler behindert absichtlich

Organisationsaufgaben, wie Mitgeben des Geldes für die Klassenkasse	meine Arbeit
Schüler macht Faxen und Scherze vor der Klasse	Lehrer fühlt sich vorgeführt und muss seine Autorität wahren
Schlampige Mappen mit fehlenden Teilen	Schüler hat nur die Hälfte der Zeit aufgepasst
Schlechte Schrift	Schüler will fachliche Mängel verdecken
Freche Äußerungen	Schüler will mich provozieren
Kritische Nachfragen	Schüler stellt mein Können in Frage
Erlerntes lässt sich nicht abrufen	Schüler hat nicht gelernt
Schüler kommt zu spät	Schüler ist schlampig

Wenn Ihr Kind morgens zu spät kommt und dann noch Faxen macht, ist ein Lehrer nicht in der Stimmung, um den vielleicht wirklich gelungenen Beitrag noch als solchen zu erkennen. Der Lehrer ist nicht nur durch Ihr Kind solchen Mini-Angriffen ausgesetzt. In der Klasse sind meist zwischen 20 und 30 Kinder. Der Ärger summiert sich. Viele Lehrer sind mit 45 Jahren so kaputt, dass sie nicht mehr arbeiten können. Die ständige Lärmbelastung, der Druck der eigenen Idealbilder, die harte Realität und die dauernden Anfeindungen lassen einige Lehrer zu etwas werden, dass sie nicht sein wollen. Deshalb werden einzelne Kinder, meist diejenigen, welche dem Lehrer am wenigsten zusetzen, bevorzugt. Wenn Schule funktionieren soll, muss sich das Bild in den Köpfen ändern. Eltern denken oft, Lehrer seien faul, arbeiteten nicht in den Ferien und seien total ungerecht. Lehrer denken oft, den Eltern seien ihre Bemühungen total egal, sie arbeiteten nicht mit und könnten ihre Kinder nicht erziehen. Sicher gibt es Einzelfälle, in denen die Klischees zutreffen. Auf meiner Odyssee durch die Schulen als Gewaltpräventionstrainerin habe ich meistens anderes gesehen. Da waren verzweifelte Lehrer, die mit Kindern außer Rand und Band umgehen mussten – muss man da nicht zu dem Schluss kommen, dass die Eltern schuld sind? Da waren Eltern, die sich ständig bemüht haben, und deren Kinder in der Schule trotzdem nicht zurechtkamen. Ist es nicht naheliegend, die Schuld bei den Lehrern zu suchen? Wem soll man nun Recht geben? Ganz ehrlich: Ich sehe auf beiden Seiten noch Spielraum. Es wird nur dann besser, wenn beide Parteien Schule weniger persönlich nehmen. Schule ist »nur« eine Dienstleistung, ein Angebot.

Ein Beispiel:

Stellen Sie sich vor, Sie machen ein Fernstudium. Der Lehrer ist Ihnen unbekannt, er stellt ja nur die schriftlichen Aufgaben. Sie sind bei einem Studienbrief in Eile. Inhalt miserabel, Schrift schlecht. Das Feedback kommt per Post: Note 5. Regen Sie sich auf? Nein. Sie denken wahrscheinlich: »Da hatte ich einen ziemlich schlechten Tag, dass muss besser werden.«

Die gleiche Situation mit Ihrem Kind in der Schule hätte Sie schon eher auf die Palme gebracht. Vielleicht hätten Sie gedacht: »Der Lehrer konnte

Marvin noch nie leiden und jetzt würgt er ihm auch noch eine 5 rein. Na toll.« Es ist verständlich, dass Sie ihr Kind schützen wollen. Aber eine zu emotionale Herangehensweise belastet das Kind noch zusätzlich. Mit einer sachlicheren Sichtweise ist bei Schulproblemen leichter Abhilfe zu schaffen. Aus Ihrem Kind muss nicht unbedingt ein handzahmer Musterschüler werden. Es reicht aus, gewisse Strategien zu verfolgen. Dies hilft bei vielen, wenn auch nicht bei allen Lehrern, die Situation zu entspannen. Dazu gehört:

Ein professioneller Auftritt.
Sorgen Sie für unzerdrückte, saubere Mappen. Fertigen Sie Inhaltsverzeichnisse an. Falls Sie Zugang zu einem Computer mit Drucker haben, erstellen Sie eine ähnliche Tabelle wie die nachfolgende in Excel:

Inhaltsverzeichnis:

Seite	Thema	Datum
1		
2		
3		
4		
5		
6		
7		
8		
9		
10		
11		
12		
13		

Beziffern Sie die Tabelle durch bis 20. Drucken Sie je Mappe ein Exemplar aus und heften Sie es hinten in die Mappe. Aktualisieren Sie die Verzeichnisse bei jeder Arbeit in den Mappen.

Tipps für einen professionellen Auftritt:

Lassen Sie in der Lernzeit die Stifte spitzen und das Material ergänzen. Lassen Sie das Kind den Datumsstempel benutzen, so denkt es an das Datieren der Unterlagen. Stellen Sie das Datum zu Beginn jeder neuen Lernzeit ein.

Gute Organisation. Machen Sie es sich zur Gewohnheit, am Beginn oder Ende der Lernzeit nach Organisationszetteln oder Materialbedarf wie Schulheften zu fragen. So haben Sie die Möglichkeit, alles rechtzeitig zu besorgen. Wenn Sie zur Zahlung von Unkostenbeiträgen gerade kein Geld haben, schreiben Sie eine kurze Notiz, wann der Lehrer mit dem Geld rechnen kann. Notieren Sie den Termin in Ihrem Kalender und halten Sie sich daran.

Schicken Sie das Kind pünktlich zur Schule. Falls das Schwierigkeiten macht, hilft vielleicht ein zweiter Wecker und rechtzeitiges Zu-Bett-Gehen am Vorabend.

Führen Sie eine Klassenarbeitsliste. Fast alle Klassenarbeiten werden vorher angekündigt. An dem Tag, an dem es ihm gesagt wird, erinnert das Kind sich auch noch daran. Am nächsten Tag jedoch oft schon nicht mehr … Die Liste sollte 31 Zeilen und 2 Spalten haben.

Eingetragen werden am entsprechenden Datum der Name des Kindes und das Fach. So können Sie die Lernzeit optimal ausnutzen, weil Sie immer genau wissen, wann welche Arbeiten anstehen.

Tabelle Schwerpunkt Schule:

Monat: März 09	
1.	Martin Mathe
2.	
3.	
4.	Martin Test Engl.
5.	

Sie können weitere Spalten für weitere Kinder hinzufügen. Am geschicktesten ist es, immer zu einem festen Zeitpunkt zu fragen, ob Arbeiten geplant sind, zum Beispiel beim Einstellen des Datumsstempels. Die Liste lässt sich gut mit Magneten am Kühlschrank befestigen oder auf einem Klemmbrett in das Fach legen.

So pflegen Sie die richtige Einstellung.

Die Schule ist der Arbeitsplatz Ihres Kindes. Wie stehen Sie zu Ihrer Arbeit? Falls Sie arbeitslos sind, welche Vorstellung haben Sie von einer Arbeit? Gehen Sie als Krankenschwester ohne Pulsuhr und weiße Schuhe zum Dienst? Tragen Sie als Köchin eine offene Walle- Mähne ohne Haube? Gehen Sie als Bankangestellter in Jeans und T-Shirt zur Arbeit? Manchmal höre ich Aussagen über Kinder wie »Die sind ja noch so klein, die sollen Spaß haben und ihre Freiheit genießen«. Sicher gehört das *auch* mit zur Kindheit. Aber die durchschnittlich notwendige Hausaufgabenzeit für einen erfolgreichen Abschluss auf dem Gymnasium liegt nach Umfragen bei zwei

Stunden! Da ist die Einführung einer Mindest-Übungsdauer von einer Stunde pro Tag ab der fünften Klasse bzw. einer halben Stunde auf der Grundschule nicht zuviel verlangt. Falls aufwändigere Arbeiten zum nächsten Tag zu erledigen sind, muss das natürlich über diese Zeit hinaus geschehen. Neu und anders ist die Vorstellung, auch dann zu üben, wenn nichts aufgegeben wurde. Das soll aber gerade dazu führen, dass regelmäßig zum Beispiel Mappen geordnet und Vokabeln gelernt werden, um Spitzenbelastungen zu vermeiden. Es ist *nicht* witzig, wenn das Kind für zwei Stunden Hausaufgaben hat und am nächsten Tag ein Vokabeltest und eine Mappenabgabe anstehen. Durch die Strukturierung des »Arbeitsplatzes« Ihres Kindes haben Sie den vollen Überblick und viel Handlungsspielraum. Sie können das Kind zum Ausgleich außerschulisch fördern, zum Beispiel durch Sport in einer Sportschule.

Vielleicht haben Sie nicht die finanziellen Möglichkeiten, um solche Kurse zu bezahlen.

Falls Sie knapp bei Kasse sind, fördern Sie Ihr Kind doch einfach selbst: Gehen Sie mit ihm Ballspielen, fahren Sie in Büchereien, singen Sie ihm etwas vor. Förderung muss nicht teuer sein.

Kosten senken und Aufwand verringern

Sicher wollen alle Eltern, dass ihre Kinder gute Noten bekommen. Zu großen Aufwand können und wollen aber die meisten auch nicht betreiben, deshalb müssen wir gezielt vorgehen. Jedes Bisschen für die Schule aufgebrachte Energie sollte positive Auswirkungen auf die Noten haben. Dabei ist es egal, ob die Energie von den Eltern oder von den Kindern kommt.

Ein Beispiel:

Sie bezahlen dem Kind ein halbes Jahr lang zwei Stunden pro Woche Nachhilfe in Englisch, denn die Noten sind schlecht. Sie bezahlen 6,- Euro die Stunde, das sind insgesamt 21 x 12 Euro, also 252,- insgesamt, Ferien abgerechnet. Das Kind braucht zwei Stunden dort plus jeweils sieben Minuten Weg mit dem Auto. Sie müssen das Kind fahren, brauchen also 21 x 4 x 7 Minuten hin und zurück für zwei Wege. Wir haben an Aufwand betrieben:

Zeit Eltern:	588 min. = 9 Std. 48 min.
Zeit Kind:	46 Std. 54 min.
Zeit gesamt:	56 Std. 42 min.
Geld:	252,- Euro
Benzin für 7,5 km Weg:	47,50,- Euro
Gesamt:	299,50,- Euro

Sie haben demnach insgesamt 56 Stunden und 42 Minuten plus 299,50 Euro aufgewendet.

Das Kind ist dadurch wahrscheinlich eine Note besser geworden. Bei großen Verständnisproblemen mag dieser Weg sogar nötig sein. Aber mal ehrlich: Die meisten Schwierigkeiten haben Kinder in der Schule, weil sie nicht lernen (von einigen Ausnahmen einmal abgesehen). Wenn zum Beispiel das Kind in Englisch Probleme mit den Workbook- Fragen hat, muss das nicht am Verständnis des Kindes für das aktuelle *Thema* liegen. Vielleicht hat es die entsprechenden Vokabeln nicht gelernt, die es zum Verstehen der Frage bräuchte. Hier könnte eine feste Lernzeit in Kombination mit dem Karteikastensystem zum Vokabellernen wahre Wunder wirken. Der Effekt ist der Gleiche wie bei der Nachhilfe: Das Kind steigert seine Leistung um eine Note. Es ist nur insgesamt billiger und weniger zeitaufwändig. Viele der Schwierigkeiten, die sich durch Nachhilfe legen, bessern sich, weil das Kind endlich einmal regelmäßig zwei Stunden pro Woche übt. Und das können Sie doch auch so erreichen! Wenn Sie nach einer Testphase von einem halben Jahr mit regelmäßiger Lernzeit immer noch Lücken im Wissen des Kindes feststellen, kann qualifizierte Nachhilfe natürlich eine sinnvolle Möglichkeit sein, um verpassten Stoff zu erarbeiten.

Eine weitere Möglichkeit, die Bildungskosten zu senken, ist der schonende Umgang mit den bereits angeschafften Dingen. Materialkosten werden schon dadurch gemindert, dass nicht mehr so viele Mappen verschleißen. Auch das Ordnen der Federmappe spart Geld, weil die Stifte keine Möglichkeit mehr haben, herumzufliegen und zu zerbrechen. Wohl verwahrte Geodreiecke zerkratzen nicht so schnell, bei Zirkeln brechen die Minen nicht so oft ab. Außerdem werden Ihre Nerven geschont: Der Satz »Mein Zirkel ist kaputt und ich schreibe morgen übrigens Mathe« hat für Sie seinen Schrecken verloren, da Sie den Zustand des neuerdings ordnungsgemäß verwahrten Zirkels jetzt einige Tage vorher kontrollieren; sie wussten ja aufgrund der Liste, dass die Klassen- Arbeit ansteht…

Ihr Kind bekommt insgesamt einen besseren Überblick und weiß, welche Sachen ihm gehören wenn es sie regelmäßig ordnet. Auch im Schulfach sollte regelmäßig entrümpelt und das standardmäßig benötigte Material aufgefüllt werden. Am besten machen Sie das zu Beginn der Ferien, dann müssen Sie zum Schulbeginn zusätzlich zu den Büchern nicht so viel neu kaufen, und die finanzielle Belastung verteilt sich etwas.

So bleibt es leicht

Nach einer Umstellungsphase, in der zumindest die Eltern oft sehr viel Energie in das neue System stecken, kommt meist erst einmal eine kleinere Durststrecke. Besonders, wenn Sie kurz vor den Zeugnissen angefangen haben, und das Kind sich schon bemüht, aber noch die »alten Noten« bekommt, ist Durchhaltevermögen gefragt. Setzen Sie die positiven Verstärkungstechniken ein, die Sie kennen gelernt haben. Loben Sie Ihr Kind, interessieren Sie sich für seine Arbeit, lassen Sie sich von ihm Dinge erklären. Es ist ein gutes Gefühl, etwas zu wissen! Vermitteln Sie, dass Lernen Spaß macht. Lassen Sie das Kind am Computer sinnvolle Dinge tun, wie zum Beispiel sich mit Word und Excel vertraut machen. Da die meisten Kinder gerne am Computer sind, arbeiten sie auch gut mit. So hat Ihr Kind später eine wichtige Grundlage für Beruf und Leben. Machen Sie bei unruhigeren Kindern nach einer halben Stunde Lernzeit eine fünfminütige Pause, vielleicht mit etwas zu essen. Würdigen Sie Teilerfolge wie gute Vokabeltests mit Aufmerksamkeit und Zuwendung. So halten Sie und das Kind durch, bis die ersten guten Noten auch in Klassenarbeiten zu ernten sind.

Was Ihr Kind für sein Leben gelernt hat

Gute Noten sind ja nicht alles. Mich hat bis heute kein Mensch nach meinem Abitur- Durchschnitt gefragt, obwohl man ihn bei Bewerbungen in Form des Zeugnisses natürlich angeben muss. Ihr Kind lernt aber etwas ungleich Wertvolleres: Es kann etwas bewegen! Viele Menschen fühlen sich ihrer persönlichen Situation vollkommen ausgeliefert. Die Zahl der Depressionen steigt ständig an.

Jeder zehnte Deutsche wird mindestens ein Mal in seinem Leben von einer massiven Depression heimgesucht. Das Gefühl der Ohnmacht kann schlimme Depressionen auslösen.

Wenn Ihr Kind lernt, sich mit Struktur und Fleiß auf eine bessere Noten-Position vorzuarbeiten, stärkt dies sein Selbstbewusstsein enorm. Es wird ausweglos scheinende Situationen als Durchgangsstraßen betrachten, nicht als Endpunkte. Das Kind wird sich später trauen, unglücklich machende Umstände in Beruf und Familie zu ändern und etwas Neues anzufangen. All das können Sie Ihrem Kind zum Geschenk machen. Dagegen sieht ein MP3-Player ziemlich blass aus.

Checkliste Schule

☑ **Material besorgt**

☑ **Fach frei geräumt**

☑ **Ranzen neu geordnet**

☑ **Ablage angelegt »lose Blätter«**

☑ **Ablage angelegt »Mappen-Parkplatz«**

☑ **Feste Lernzeit eingeführt**

☑ **Hilfsmittel benutzt**

☑ **Arbeitsmaterial professionell gestaltet**

☑ **Konsolenspiele aus Ranzen entfernt**

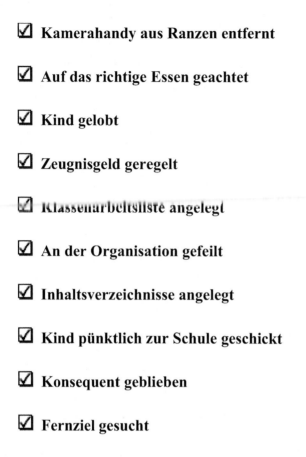

☑ **Kamerahandy aus Ranzen entfernt**

☑ **Auf das richtige Essen geachtet**

☑ **Kind gelobt**

☑ **Zeugnisgeld geregelt**

☑ **Klassenarbeitsliste angelegt**

☑ **An der Organisation gefeilt**

☑ **Inhaltsverzeichnisse angelegt**

☑ **Kind pünktlich zur Schule geschickt**

☑ **Konsequent geblieben**

☑ **Fernziel gesucht**

Die wichtigsten Tipps auf einen Blick

Jeden Tag etwas.
Nutzen Sie die Vorteile einer festen Lernzeit, wie Entzerrung von Spitzenstresszeiten und gute Vorbereitung auf Klassenarbeiten.

Benutzen Sie Hilfsmittel.
Diese können den entscheidenden Durchbruch bringen, besonders wenn die Versetzung gefährdet ist. Bestens geeignet sind Lernkarteien, Klassenarbeitstrainer und entsprechende Computerlernprogramme.

Führen Sie Pflicht-Lernzeiten ein.

Richten Sie sich dabei nach Ihrer Lebensplanung, schließlich kann man solche Regelmäßigkeiten nur durchhalten, wenn sie optimal in den Tagesablauf passen. Die Zeiten dürfen unterschiedlich sein, zum Beispiel Montag von 16 bis 17 Uhr und am Dienstag von 15 bis 16 Uhr, bspw. wegen des Fußballtrainings. Meiner Meinung nach sollten Gymnasiasten auch am Samstag arbeiten, bei Grundschulkindern sowie Haupt- und Realschülern kann darauf verzichtet werden. Bei integrierten Gesamtschulen ist die Lernzeit erst ab der neunten Klasse erforderlich, falls es sich um Ganztagsschulen mit Hausaufgabenbetreuung handelt.

Bleiben Sie konsequent.

Sie tun Ihrem Kind keinen Gefallen, wenn Sie die Lernzeit ausfallen lassen, weil »so schönes Wetter ist«. Vielleicht ist am nächsten Horror-Hausaufgaben-Tag auch schönes Wetter. Wenn das Kind regelmäßig arbeitet, kann es wenigstens an beiden Tagen ein bisschen raus. Außerdem hat es ja in den Ferien frei. Legen Sie Ausnahmen wie Geburtstage etc. vorher fest.

Ordnung muss sein.

Benutzen Sie das angesprochene Ordnungssystem. Das oft gelobte kreative Chaos ist für 99 Prozent der Kinder wirklich ein Leistungskiller. Versuchen Sie mal, einen Nagel ohne Hammer einzuschlagen!

Sorgen Sie für Profi-Auftritte.

Jedes professionell gestaltete Werk Ihres Kindes, egal ob Mappe oder Deckblatt, gibt dem Lehrer das Gefühl, dass seine Bemühungen um Ihr

Kind ernst genommen werden. Lassen Sie ihm dieses unschuldige Vergnügen!

Organisieren Sie!

Vermeiden Sie Aggressionen bei den Lehrkräften durch Behinderung ihrer Arbeit. Geben Sie Zettel, unterschriebene Klassenarbeiten und Zeugnisse, Einwilligungen und Entschuldigungen pünktlich und selbständig ab. Erstellen Sie Entschuldigungs-Vordrucke am Computer, dann haben Sie welche zur Hand. Kinder lernen viel von Vorbildern, und Sie sind das Vorbild – ob Sie wollen oder nicht. Falls Sie durch Ihr Handeln zeigen, dass Sie Schule nicht ernst nehmen, wird es auch das Kind nicht tun. Wenn Sie pünktlicher und ordentlicher werden, wird dies auch beim Kind Spuren hinterlassen.

Suchen Sie Fernziele.

Vielen Kindern fällt es leichter, sich anzustrengen, wenn sie ein angenehmes Fernziel vor Augen haben. Der Jugendliche, der gerne zur Bundeswehr möchte, ist eher bereit, an seiner Sport-Note zu arbeiten, wenn ihm bewusst ist, dass nachgewiesene Sportlichkeit eine Aufnahme-Vorraussetzung ist. Der Siebenjährige ist möglicherweise leichter zu kameradschaftlichem Benehmen zu bringen, wenn er erfährt, dass man nur als guter Team-Spieler Lego- Konstrukteur werden kann. Gehen Sie auf die aktuellen Neigungen Ihres Kindes ein, um soziale und fachliche Fähigkeiten zu fördern.

Am Ziel

Auch durch das Anwenden der Geheimnisse der Stern-Methode wird das Zusammenleben mit Ihrem Kind oder Ihren Kindern nicht perfekt sein. Sie werden weiterhin ab und zu Disziplin- Probleme und Stress haben. Auch Brüllattacken, Streitereien und schlechte Noten werden nicht von heute auf morgen verschwinden. Aber Sie sind dem Ganzen nun nicht mehr hilflos ausgeliefert. Sie haben neue Möglichkeiten kennen gelernt, kritischen Momenten zu begegnen. Durch den umfassenderen Blick auf die Gesamtsituation sind Sie handlungsfähiger und können gelassener bleiben. Und Sie wissen jetzt wie wichtig es ist, immer wieder zu Ihrer Eltern-Linie zurück zu finden. Nutzen Sie die technischen Hilfen und Werkzeuge, die Ihnen dieses Buch an die Hand gibt, um Ordnung in das Chaos zu bringen; damit hat es eindeutig an Schrecken verloren. Und Sie wissen, wie Sie in besonders problematischen Bereichen Fortschritte kontrollieren können, so dass die Verbesserungen Ihnen neuen Mut und mehr Durchhaltevermögen geben.

Sie geben sich Mühe, deshalb können Sie stolz sagen: »Ich habe etwas getan! Ich bin eine gute Mutter/ein guter Vater, mein Kind ist mir wichtig.« Kein Kind braucht perfekte Eltern.

Sie wollen, dass es Ihrem Kind gut geht. Sie lieben Ihr Kind. Sie *sind* gute Eltern!

Anhang

Hilfreiche Adressen

(Stand: August 2012)

ADHS

Arbeitsgemeinschaft Aufmerksamkeits-Defizit-Hyperaktivitäts-Störung

der Kinder- und Jugendärzte e.V.

Postfach 228

91292 Forchheim

www.agadhs.de

Bundesverband Aufmerksamkeitsstörung/Hyperaktivität

Postfach 60

91292 Forchheim

Tel.: 09191 / 70 42 60

www.bv-ah.de

Linkshänder / umgeschulte Linkshänder / Beidhänder

www.lefthander-consulting.org

www.linkshaenderseite.de

www.linkshaenderberatungsstelle.de

Hochbegabung

Deutsche Gesellschaft für das hochbegabte Kind

Tel. 030 / 34356829

www.dghk.de

eMail: dghk@dghk.de

Hochbegabtenförderung e.V.

Tel. 0234 / 935670

www.hbf-ev.de

Mensa e.V.

Tel. 089 / 85663800

www.mensa.de

Synapse e.V.

Tel. 05603 / 2797

Legasthenie

www.legasthenie-info.de

Bundesverband Legasthenie e.V. -

Königstraße 32

30175 Hannover Telefon 0511-318738, Fax: 0511-318739.

www.legasthenie.net

Buchtipps zum Weiterlesen

[1] **Schimmelpilze**

Altmann- Brewe: Schimmelpilze und Pilzinfekte. Verlag: Ehrenwirth

[2] **HPU**

Dr. J. Kamsteeg: HPU und dann? Verlag: KEAC

[3] **Histamin-Unverträglichkeit**

Schleip: Histamin- Intoleranz. Verlag: Trias

[4]Umgeschulte Händigkeit

J. B. Sattler: Die Psyche des linkshändigen Kindes. Verlag: Auer

J.B. Sattler: Der umgeschulte Linkshänder. Verlag: Auer

Sylvia Weber: Linkshändige Kinder richtig fördern. Verlag: Reinhardt

R.W. Meyer: Linkshändig? Verlag Humboldt

[5] Allergien

U. Jonsson: Die Basisallergie. Verlag: ius salutatis

Jane Houlton: Überlebenshandbuch für Allergiker. Verlag: Humboldt

Dr. A. Calatin: Allergien bei Kindern. Verlag: Heyne

Daunderer: Umweltgifte. Verlag: Ecomed

Dr. Richard Mackarness: Allergie gegen Nahrungsmittel und Chemikalien. Verlag: Hippokrates

Randolph/ Moss: Allergien: Folgen von Umweltbelastung und Ernährung. Verlag: C.F. Müller

Schmiedel: Ganzheitliche Diätetik. Verlag: Aescura

Max Daunderer: Gifte im Alltag. Verlag: C. H. Beck

[6] Ernährung

Patrick Holford: Optimale Ernährung für die Psyche: Verlag Veda Nutria

Braunschweig-Pauli: Die Jodlüge. Verlag: Herbig Gesundheitsratgeber

Dr. P. D`Ádamo: 4 Blutgruppen Richtig leben. Verlag: Piper

Angres/ Hutter/ Ribbe: Futter fürs Volk. Verlag: Knaur

Sylvia Baeck. Essstörungen. Was Eltern und Lehrer tun können. Verlag: balance buch + medien Verlag

[7] ADHS

Keller/Zierau: Hilfe bei ADHS. Verlag:Knaur

F. Klammrodt: Unkonzentriert, Aggressiv, Überaktiv. Verlag: Grundlagen und Praxis

Prof. D. Rapp: Ist das Ihr Kind? Verlag: Promedico

Dr. A. Calatin: Das hyperaktive Kind. Verlag Heyne

[8] Förderung der sozialen Kompetenz

Niespor: „Das GLANNI"   Arbeitsheft Gewaltprävention für
Grundschulkinder

Band 1 Förderung sozialer und emotionaler Intelligenz
Vektor-Verlag; Auflage: 1 (Oktober 2007)

Umschlagrückseite:

Laut der neuesten Studie des Robert-Koch Institutes sind mehr als 20 Prozent
aller Kinder verhaltensauffällig. Erziehung ist hier besonders schwierig – und
echte Hilfe rar gesät.
Dieses Buch unterstützt Sie bei Ihren Bemühungen um ein zufriedeneres
Leben. Ein Leben ohne dauernde Rechtfertigungen Fremden, Bekannten,
Freunden und der Familie gegenüber. Mit dem neuartigen Ansatz der Stern-
Methode umgehen Sie ab jetzt typische Erziehungs- Fallen. Zusätzlich zeigt
Ihnen dieser Ratgeber, wo körperliche Ursachen für anstrengende
Verhaltensweisen eines Kindes liegen können, und hat auch gleich wirksame
Lösungsansätze parat. In allen Bereichen helfen viele praktische Tipps und
Anleitungen bei der einfachen Umsetzung. Schwierige Kinder können so
besser gelenkt werden und sich optimal entwickeln.

Printed in Great Britain
by Amazon